KB275053

고교 3년 공부,
**대나무
학습법**으로
승부하라

고교 3년 공부, 대나무학습법으로 승부하라
(고교 3년 공부 6개월에 끝내는 비법 공개!)
[만점 공부법 특별판®]

지은이 | 조안호
발행인 | 김경아

2016년 1월 15일 1판 1쇄 인쇄
2016년 1월 23일 1판 1쇄 발행

이 책을 만든 사람들
책임 기획 | 김경아
북 디자인 | 김효정
교정 | 좋은글
경영 지원 | 홍종남

이 책을 함께 만든 사람들
종이 | 제이피씨 정동수
제작 및 인쇄 | 다오기획 김대식, 알래스카커뮤니케이션 장준우·김은재

{행복한콘텐츠그룹} 출판 서포터즈
김미라, 김미숙, 김수연, 김은진, 김현숙, 박기복, 박민경, 박현숙, 변원미, 송래은
오석정, 오주영, 윤진희, 이승연, 이인경, 이혜승, 임혜영, 정인숙, 조동림, 조은정

펴낸곳 | 행복한나무
출판등록 | 2007년 3월 7일. 제 2007-5호
주소 | 경기도 남양주시 도농로 34, 부영e그린타운 301동 301호(도농동)
전화 | 02) 322-3856 팩스 | 02) 322-3857
홈페이지 | www.ihappytree.com
도서 문의(출판사 e-mail) | e21chope@daum.net

ⓒ 조안호, 2016
ISBN 978-89-93460-70-4
"행복한나무" 도서번호 : 081

고교 3년 공부,
대나무 학습법으로 승부하라

고교 3년 공부 6개월에 끝내는
비법 공개!

조안호 지음

3년 공부, 정말 6개월에 끝낼 수 있을까?

10년 공부를 벤치마킹 할 수는 없다

공부를 잘하는 아이들은 어떻게 공부해 왔을까? 그들은 공부 욕심도 많고 준비 또한 게을리 하지 않았다.

어려서부터 수학은 계산력을 튼튼히 길러왔고, 영어는 파닉스 학원에서 차곡차곡 기본기를 다지고 흥미를 잃지 않도록 가정에서 수시로 공부했다. 영어 동화책을 읽었고, 좀 더 커서는 영어로 된 소설책도 읽었다. 더 수준 높은 아이는 영자신문이나 영어잡지를 정기구독하고 영어연수를 다녀왔다.

책 읽는 것도 좋아하여 이미 많은 분량의 책을 읽었다. 학교 시험은 최소 2~3주 전부터 계획을 짜서 공부한다. 노트 필기는 과목마다 하고 있으며 단어장, 오답노트는 물론 암기할 수 있는 핵심사항만 노트에 적어 틈틈이 반복까지 한다. 고등학교 입학 전까지 근 10년을 하루같이 해온 아이들이 전교 순위 안에, 아니 전국적으로 포진하고 있다.

그런데 이제 와서 이것을 벤치마킹하고 필요한 것을 따온다 한들 그들을 능가할 재간은 없다. 10여 년의 습관과 그들만의 학습법을 단기간에 따라잡는다는 것은 현실적으로 불가능하다. 그들과 똑같이 해서는 이길 수 없다는 것은 누구나 알고 있다.

이런 까닭에 학습법 책을 찾는 학생이 많다. 그러나 대부분 학습법 책은 이미 공부를 잘하고 있는 아이에게나 도움이 될 만한 것들이 많다.

"공부가 재미있었어요."

"영어가 재미있어서 어릴 때부터 꾸준히 했어요."

그들은 자신의 입장에서 솔직하게 한 말이지만, 공부에 재미를 느끼지 못하는 대다수 학생들은 이런 말을 들으면 따라할 마음은커녕 화부터 난다. 또 원래 공부를 잘하던 사람이 밟은 전형적인 성공 사례를 그대로 따라 할 수도 없다. 게다가 이런 책들은 친절하게도 나는 이렇게 해서 성공했지만, 나름대로 자신에게 맞는 방법이 있을 것이니 열심히 찾아보라는 친절한 충고도 빠뜨리지 않는다.

또 '습관'과 '의지력'이 중요하며 목표는 거창하게, 그러나 '실천'은 세심하고 끈기있게 끝까지, 누가 시키지 않아도 재미있게, 최대한 열심히, 앉았던 자리에 피와 땀이 떨어질 만큼 하라는 조언도 잊지 않는다. 아이들도 그런 전투적인 책을 읽으면 당장은 정말 그렇게 해야겠다고 의지를 불태운다. 그러나 감정에 호소해서 훌륭하고 장황한 설득은 대부분 행동지침이 없거나 특별한 경험이라 평범한 학생에게는 적용하기 힘들다.

10년의 공부를 능가할 수 있는 공부법

여러 가지 방법 중에서 하나를 선택하라거나 무조건 열심히 해야 한다는 방법은 사실 방법이 없다는 말과 같다. 방법이 없으면 결국 노력만 최선이라는 낡은 사고로 되돌아가게 할 뿐이다. 이런 책에서 얻을 수 있는 것은 학습법이 아니라 해야겠다는 의지뿐이다. 결국 무엇을 어떻게 하라는 말인가? 고등학교에서 공부를 잘하기 위해서 초등학교와 중학교에서 준비해야 할 것은 다음 5가지다.

첫째, 글을 읽고 그 의미가 무엇인지 알아야 한다.

둘째, 수학은 차곡차곡 기초를 쌓아야 한다.

셋째, 암기력이 있어야 한다.

넷째, 한 번에 공부할 때 긴 시간 공부할 수 있어야 한다.

다섯째, 시험의 종류에 따른 가장 효율적인 학습법이 무엇인지 알아
야 한다.

그런데 많은 어른들이 학생들에게 무조건 '의지'만 강조하는 것을 본다. 모든 것은 사람의 마음이 좌우하는 것이니 의지가 중요한 것은 분명하다. 그러나 의지가 굉장히 강하지 않다면 시간이 지날수록 그 의지는 꺾이게 된다. 어떤 의지도 장기적으로 본능을 넘어설 수 없다. 의지는 그것을 해야겠다는 마음이 지속될 때만 효과를 본다. 불굴의 의지를 고등학교 3년 내내 지속할 수 있는 사람은 없다.

따라서 이미 공부를 잘하고 있는 아이들을 이기려면 단순히 자신의 의지만 높여서는 안된다. 오로지 시간의 효율성을 높여 그들의 10년 공부를 능가할 수 있는 지름길을 찾는 것, 학습법의 전환밖에는 답이 없다.

즉, 대나무학습법이 가장 빠른 지름길이며 이 책에서는 대나무학습법이 무엇이며 어떻게 활용할 것인가를 알려줄 것이다.

내신과 수능시험은 공부법이 다르다

이 책은 이미 공부를 잘하고 있는 아이들을 위한 책이 아니다. 공부를 잘한다고 해서 학습법도 효율적이지는 않다. 그 아이들 역시 시행착

오를 거쳤고, 이렇게 해보니 좋더라는 습관이 몸에 뱄을 뿐이다.

공부를 잘하고 있는 아이가 대나무학습법을 받아들이면 더 나은 결과를 얻을 수 있지만, 자신의 공부법에 대한 맹목적인 믿음 때문에 대나무학습법을 받아들이지 않는다. 그런데 당장의 공부로 평가를 받는 중학교와 고등학교의 내신시험과, 적어도 1~2년 후에 3년간 공부한 것을 한꺼번에 평가하는 수능시험은 같은 방법으로 공부해서는 안 된다. 학교 우등생이 수능 우등생이 되지 못하는 것은 바로 공부법을 바꾸지 못했기 때문이다.

누구든지 은근과 끈기로 쉴 새 없이 공부한다면 어느 정도의 성과는 거둘 것이다. 그러나 최상위 목표는 아닐지라도 대학이 목표로 정해지고, 만약 그 시간이 1년밖에 남아있지 않다면 얘기는 달라진다. 목표와 의지를 가지고 열심히 하는 학습계획이 만약 수능시험일 이후에야 효과가 나타나는 방법이라면 그야말로 대학은 물 건너가는 것이 아닌가? 그래서 같은 조건의 의지라면 시간의 효율성을 살릴 수 있는 학습법이 필수다. 즉, 목표와 의지로 자신의 본능을 억제하고 짧은 시간 안에 공부를 마칠 수 있는 학습법이어야만 한다는 것이다. 그렇다고 이 책에서 말하는 6개월에 3년 공부를 마칠 수 있다는 것이 쉬운 일은 아니다. 오히려 더 많은 의지와 노력이 필요하다. 그러나 6개월, 한 번 해 볼 수 있지 않겠는가?

하루 3시간씩 일주일보다 하루에 10시간이 효율적이다

공부는 긴 시간 동안 성실하게 공부하는 것과 짧은 시간 내에 몰입하는 것 중에서 어느 하나를 선택해야 한다. 그런데 수능시험이 코앞이라면 선택은 하나, 짧은 시간 내에 몰입하는 것 뿐이다. 하루에 3시간씩 일주일간 공부하는 것보다 하루에 10시간을 몰입하여 공부하는 것이 훨씬 효과적이다. 사람들은 머릿속에 집어넣는 것, 즉 들어가는 것만 보기에 오랜 기간 동안 공부해야 효율적이라는 착각을 한다. 그러나 같은 기간 동안 배운 것을 끊임없이 망각하고 있다는 사실은 알지 못한다. 짧은 기간 내에 몰입하면 그만큼 잊어버리는 것도 적고 오히려 계통이 세워져서 보다 효율적으로 성과를 얻을 수 있다.

역사적으로 청동기를 사용하는 부족은 철기를 사용하는 부족에게 밀릴 수밖에 없었다. 의지나 정신력만으로 전쟁에서 이길 수 없었던 것이다. 전쟁에서는 무기가 중요하듯 공부에서도 공부 방법이 중요하다. 시험이란 남들보다 조금만 더 잘하면 되는 게임이다. 더 많은 지식을 필요로 하는 학문적 발견을 원하는 것이 아니다.

이제, 나는 감히 말한다. 올바른 학습법을 따르면 3년 동안에 해야 할 공부를 훨씬 짧은 6개월만에도 끝낼 수 있다고. 그것을 나는 '대나무학습법'이라 부르며, 이제 이 공부법을 알려줄 것이다.

조안호

차례

|3장| 수시전형 70%, 내신 1등급을 위한 대나무학습법

|6장| 공부의 벽을 넘어라

1장

왜 대나무학습법 인가?

대나무학습법이란 무엇인가?

인간이 만든 모든 것은 자연을 닮았다. 지금부터 이야기할 학습법도 대나무가 자라는 것과 비슷하여 대나무학습법이라 하였다. 학생들은 '전습법'으로 부르기도 한다.

지구를 통틀어 가장 빨리 자라는 식물인 대나무는 나무가 아니고 다년생 풀이다. 대나무가 나무든 풀이든 간에 쑥쑥 자라는 데는 어떤 비밀이 숨어 있을 것이다. 그 초고속 성장의 비법을 대나무에서 들어보자.

대나무를 심으면 처음 3~4년간은 마치 죽은 듯 땅 위로 아무것도 올라오지 않는다. 이 기간에 대나무 뿌리는 방사선 방향으로 뻗으면서 평당 $20m$ 길이로 자란다. 그래서 대나무밭은 홍수나 지진에도 끄덕없다는 말이 있다. 충분히 뿌리가 자라면 대나무는 땅속 줄기에서 어린 싹인 죽순을 처음으로 땅 위로 내보낸다.

이렇게 대나무는 아스팔트를 뚫고 나올 정도로 생명력이 강해서 월남전 때는 고엽제에 살아남았으며, 히로시마 원폭 투하 후에도 제일 먼저 싹을 텄다. 여름철 비라도 내리면 말 그대로 '오뉴월 죽순처럼' 솟아오른다. 비록 죽순은 아직 어린 싹이지만 나름대로 성장한 대나무에서 볼 수 있는 형질을 갖췄다. 죽순은 하루에 최고 $80cm$까지 자라며, 대나무로 자랄 때 그 성장 속도가 어찌나 빠른지 '펑' 소리가 나기도 했다는 기록도 있다. 이렇게 말해도 어느 정도로 빨리 자라는지 감이 잘 오지 않을 것이다. 대나무가 하루에 자라는 길이만큼 자라려면 소나무는 30년 정도 걸린다고 비교한다면 대나무가 갖는 엄청난 성장의 힘을 미루어 짐작할 수 있지 않을까? 결국 $25m$까지 자라는데 불과 40~45일 정도 밖에 걸리지 않는다는 말이다.

대지가 주는 영양분과 햇빛, 그리고 공기가 비슷해도 식물들이 성장하는 속도는 다르다. 그렇다면 대나무의 그 엄청난 성장의 힘은 어디서 나오는 것일까? 그 비법을 대나무에서 빌려와 우리 학습법에도 적용해 보자. 분명 그 성장에는 많은 비밀이 숨겨져 있을 것이다.

첫째, 대나무 뿌리는 땅속에서 오랜 시간 힘을 축적했다. 여러분도 초·중·고등학교를 걸쳐 지금 이 자리에 왔으며, 이제 오랜 시간 비축해둔 힘을 이용해 죽순을 내보낼 때가 되었다.

둘째, 대나무는 다른 나무와 달리 죽순을 만들 때 형태를 이미 갖췄다.

셋째, 대나무는 속이 비어 있다. 그래서 배움에서 얻는 성취나 기쁨 등 속이 꽉 찬 학문을 추구하지는 못할 것이다. 하지만 순식간에 성장하는 대나무처럼 적어도 대학으로 가는 수능이라는 관문에 좀더 빠르게 접근하는 비법을 발견할 수 있을 것이다.

넷째, 대나무는 작은 곁가지를 제외하고는 가지를 치지 않으며, 부피 성장도 하지 않는다.

다섯째, 대나무는 마디마디가 전부 생장점이다. 다른 나무는 생장점이 나무 끝에만 있지만, 대나무는 마디마디에 생장점이 있어 크는 곳이 많으니 한꺼번에 클 수 있다.

여섯째, 모든 뿌리는 대나무 하나를 자라게 하는 데 온 힘을 쏟는다. 결코 대나무 여러 개를 동시에 자라게 하지 않는다. 하나가 온전하게 자란 이후에야 다시 다른 대나무 하나를 키우는 데 전념한다.

대나무학습법이 어떤 것이라고 한 번에 단정해서 설명할 수는 없다. 그러나 대나무의 초고속 성장 속에 숨겨진 비밀들을 앞으로 설명할 대나무학습법과 비교해본다면 필자의 부족한 설명을 충분히 이해할 수 있으리라 본다. 앞으로 대나무학습법에 담긴 비법을 하나씩 살펴보도록 하자.

대나무학습법의 핵심은 반복의 횟수와 주기

인간의 기억은 믿을 게 못된다. 완벽하게 습득한 지식이라도 시간이 지나면서 왜곡되고 잊어버린다. 지식을 습득할 때 사용하는 방법 중에서 그나마 가장 쉽고 믿을 만한 것은 반복뿐이다. 천재는 두세 번 정도, 영재도 최소 일고여덟 번은 반복해야 학습 성과를 볼 수 있다. 보통 학생들에 대한 명확한 통계는 없지만 필자가 생각하기에 최소 열 번 이상은 반복해야 효과가 나타난다고 본다. 하지만 많은 학생들은 반복이라는 말 자체에 거부 반응을 보인다. 많은 부모님들이나 선생님들이 '암기하지 말고 이해하라'는 말을 하였기에 이해는 좋은 것인데 암기는 나쁜 것처럼 세뇌당했기 때문이다.

이해한 것을 다시 반복하는 것은 이해의 목표는 암기였음을 의미한다. 이해를 강조하는 것은 이해가 없으면 암기가 되지 않기 때문이다. 시험공부를 하면서 암기하지 않고 이해만 했다면 점수를 70~80점 이상 올리기 어렵다. 시험이란 기본적으로 머릿속에 들어간 것을 끄집어내어서 평가하는 것이기에 암기는 필수다. 반복이라는 것에 대한 거부 반응은 반복의 종류를 오로지 책상에 앉아서 외우는 것이라고만 생각하기 때문이다. 예습, 복습도 반복이고 강의듣기, 떠올려보기, 말로 해보기, 써보기, 크로스 체크 등 같은 내용으로 하는 것은 모두 반복이며 반복의 목표는 암기다. 기본적으로 암기가 되어 있어야 응용이나 창의력을 운운할 수 있는 것이다. 설사 반복이나 암기라는 것을 싫어하는 학생이라도 할 수 있는 것은 이것밖에 없으니 빙빙 돌아서 제자리로 돌아오는 우를 범하지 말고 돌직구를 날리는 것이 좋을 것이다.

학교 진도에 맞춰 예습과 복습을 꾸준히 했다고 하자. 책 한 권을 모두 끝냈을 때 공부한 내용은 1년 내내 책을 한두 번 본 것밖에 없다. 천재도 아니고 이런 식의 적은 반복으로 학습의 성과를 얻으려 하는 것은 애당초 잘못된 계획이다. 아무리 열심히 공부하였다 해도 앞부분은 모두 잊어버리고, 지금 공부하고 배우는 부분만 핀조명이 비추듯이 기억날 것이다. 다시 처음부터 공부해도 되지만 이미 1년이나 지났고 또 공부할 과목도 많기 때문에 반복하기가 쉽지 않다.

학생들 대부분이 어느 정도 공부했다고 판단되면 문제집부터 본다. 그러면 부족한 부분이 금방 눈에 띄어 이것을 보충해 보지만 자꾸 부족한 부분만 늘어난다. 학교 진도는 계속 나가고 늘어나는 부족한 부분을 보충하고 또 보충하다 어느 순간 잘하던 과목도 놓치게 된다.

우리가 학교에서 하는 공부는 반복 주기를 고려하지 않은 방법이다. 쉬운 소설책조차 몇 주일간을 조금씩 길게 읽으면 세세한 내용은 커녕 줄거리도 잘 기억나지 않는다. 하물며 딱딱한 교과서 한 권을 1년 내내 학습하는 기존 방식은 체계 면에서도 효율적이지 않으며 암기의 측면에서는 비효율의 극치다. 모든 교육에서 최대의 적은 비효율이며 이런 방법은 반드시 깨뜨려야만 한다. 효율적이지 않은 학습법으로 학생들에게 의지만 강조한다면, 시간낭비와 혼란을 주며 마치 자신이 머리가 나빠서 공부를 못한다는 착각만 가져온다.

암기한 내용은 어차피 시간이 지나면 점차 잊어버리기 마련이다. 암기한 내용을 잊어버리지 않으려면, 그것을 잊어버리기 전에 다시 반복해서 공부하는 길 뿐이다. 모두 잊은 뒤 다시 공부하면 한 번 본 내용이라 처음 공부할 때보다는 수월하겠지만, 그래도 역시 어려운 작업을 다시 반복해야 한다. 기존의 학습법은 이를 무시하였기에 학습하는 시간이 길었고 어려웠다. 어차피 고등학교 공부는 시간과의 싸움이다. 이 부분을 무시한다면 잘못된 학습법으로 고등학교 삼 년을 헛되게 보내고, 실제 암기라는 측면에서 볼 때 무의미하게 시간만 낭비하게 될지도 모른다.

따라서 대나무학습법의 핵심은 과목마다 한 권의 교재를 선택하여 치밀하게 파고들어 잊어버리기 전에 반복 학습하여 효율적으로 시간을 활용하는 것이다. 즉, 핵심은 '반복의 횟수와 주기'다. 대나무학습법은 다시 세부적으로 '전습법(*part learning method*)'과 '분습법(*whole learning method*)'으로 나눌 수 있는데, 과목의 특성에 따라 이 두 가지 방법을 적절하게 활용하는 것이 좋다.

전습법

전습법은 책 한 권을 처음부터 끝까지 전부 공부하는 방법이다. 학습 재료가 의미 있고 전체 내용이 일정한 흐름에 따라 전개될 때 사용하면 효과적이다. 내용의 전체 흐름을 이해하면 머릿속에 저장된 기억 사이에 연관성이 늘어나 망각률이 낮아지고, 그 다음에 공부할 때 들어가는 시간과 노력도 줄어든다. 머릿속에 축적된 지식이 많고 의지가 높으며 연령과 경험이 많을수록 전습법은 효과를 발휘한다.

그러나 소설책과 달리 교과 내용은 다소 어려워서 처음부터 하루에 다 끝낼 수는 없다. 그러면 학습 내용이 중간에 끊기게 되는데, 이때 최소 2~3시간씩 집중해서 학습해 가급적 한 단원별로 끊어지게 공부하는 것이 좋다.

결국 대나무학습법은 전습법과 집중 학습을 조화시킨 것이다. 학교에서 행하는 50분 수업, 10분 휴식은 분산 학습이다. 그런데 이 방법은 전습법으로 공부하기에 비효율적이다. 예를 들어 300쪽의 책을 일주일에 두 번, 하루에 두세 장씩 아무리 열심히 공부해도 1년 뒤에는 거의 잊어버리고 큰 흐름조차 잡아내지 못할 것이다.

분습법

분습법은 책 한권에 담긴 학습 재료를 수십 수백 번으로 잘라서 공부하는 방법이다. 학습 재료가 서로 연관성이 적고 내용이 많고 복잡하며 학습자의 수준에 비해 어려울 때 사용하는 방법이다.

분습법을 적용할 수 있는 대표적인 과목은 수학이다. 수학은 하루종일 공부한다고 해도 망각률이 높아서 잘하지 못한다. 다만 여러 번 반복해서 문제풀이에 익숙해졌다면 같은 시간에 많은 진도를 나갈 수는 있다. 그것은 분습법에서 점차 전습법으로 학습 방법이 진행되기 때문이다.

4

전습법과 분습법의 이상적인 효과

대나무의 생장점

대나무처럼 여러 개의 생장점을 만드는 작업을 이 책에서는 '죽순 만들기'라고 하겠다. 죽순 만들기를 할 때 분습법이 적용되는 과목을 제외한 나머지 과목(영어독해, 국어, 국사, 선택과목)은 처음 1회독이 과목당 일주일로, 총 6~7주 정도가 걸린다. 2회독은 4~5주, 3회독은 2주 정도 걸린다. 이후에도 과목당 1~3일 정도 걸리도록 계속 반복해서 공부하여 결국 모든 과목을 하루에 한 과목씩 끝낼 수 있도록 시간을 줄여야 한다. 대나무학습법을 직접 실천해 본 학생들은 모두 6개월 정도 지나자 전 과목을 다섯 번 이상 반복할 수 있게 되었다.

'아기 곰의 옥수수 따기'라는 말이 있다. 옥수수 농장에서 옥수수를 따는 아기 곰이 옥수수 한 개를 따서 한쪽 겨드랑이에 끼운다. 다시 옥수수 한 개를 따서 이번에는 다른 쪽 겨드랑이에 끼우는데, 이때 먼저 딴 옥수수가 바닥에 떨어진다. 결국 한참이 지나도 아기 곰은 옥수수를 한 개밖에 가질 수 없다는 것이다.

열 개를 공부해서 일곱 개를 잊어버리고 세 개만 건질 것인가? 아니면 다섯 개라도 여러 번 공부해서 네 개라도 건질 것인가? 단기적으로 봤을 때 지식은 세 개를 얻든 네 개를 얻든 별 차이가 없을 수도 있다. 하지만 이후의 학습 속도에서는 엄청난 차이를 보인다.

전습법으로 5번 이상 반복했을 때의 효과

그렇다면 전습법으로 다섯 번 이상 반복해서 공부한다면 어떤 효과가 있을까? 5회독 효과는 다음과 같다.

첫째, 3~5회독한 후 단권화 작업을 하면 비로소 기본 뼈대가 형성된다. 물론 아직은 완전한 지식이 아니다. 그러나 적어도 지식의 기반이 되는 뼈대는 형성되었다. 이 뼈대가 바로 학습의 생장점이다. 기억은 필요할 때 언제든지 꺼내 쓸 수 있어야 한다. 실제 문제를 풀 때 헷갈리거나 시험장을 떠나서 떠오르는 기억이 무슨 소용이 있겠는가?

둘째, 튼튼한 뼈대는 이후 학습 진도에 가속도를 붙인다. 죽순 만들기로 형성된 뼈대를 심리학 용어로 '앵커링'이라고 한다. 앵커링은 칠흑 같은 어둠 속에 비추는 한줄기 빛처럼 의식의 초점이 모이는 것을 말한다. '아는 만큼 들린다'는 말과도 일맥상통한다. 학교에서 받는 수업이 모든 학생에게 효과를 미치지는 않는다. 그러나 5회독 이상 공부한 학생은 다른 방식으로 공부한 학생보다 학교 수업시간이 더 중요하다. 그 어느 때보다 수업 내용이 잘 들리고 효과도 매우 크다. 머릿속에서 기본 지식이 거미줄처럼 짜져 있어 선생님 말씀이 앵커링되어 한 번만 들어도 쉽게 기억된다.

셋째, 자신감이 붙는다. 5회독 정도 반복하자 학생 네 명 모두 자신감이 넘쳐났다. 이제 더는 공부하라는 잔소리를 듣지 않고도 스스로의 의지로 열심히 공부했으며, 하고자 하는 열의도 높았다. 자신만의 학습법으로 스스로에게 믿음을 가지면 훨씬 여유롭고 수월하게 공부할 수 있을 것이다.

그럼, 반복은 언제 해야 가장 효과적일까? 답은 간단하다. 잊어버리기 전에 반복하면 된다. 따라서 전습법으로 학습하는 기간이 짧을수록 좋다. 그 기간이 길면 길수록 모처럼의 노력이 물거품이 될지도 모른다. 그렇다고 같은 과목을 너무 짧은 시간에 다시 반복하는 것도 좋지 않다. 전습법 방식으로 학습한 내용의 망각률은 분습법 방식과는 전혀 다르다.

예를 들어, 전습법 방식으로 국사를 공부한 후 곧바로 국사를 공부하는 것은 아직 망각률이 높지 않으므로 비효율적이다. 수업 후 곧바로 수업한 내용을 상기하라는 선생님도 많은데, 그것은 기억을 정리하는 데 효과가 있고 반복의 효과를 가져서 좋은 방법임에는 틀림없다. 그러나 그 시간에는 분습법을 공부할 시간이라서 둘 중에 어느 하나를 택하라면 쉬는 시간에 분습법에 집중하는 것이 효율적이다.

분습법으로 공부할 때는 반복의 간격을 생각하라

그러나 분습법이 효과적인 수학과 영어회화는 반복 학습을 할 때 시간 간격을 염두에 두고 공부해야 한다. 한꺼번에 20여 회를 반복한다고 해서 오랫동안 머릿속에 기억되지는 않기 때문에 잊을 만하면 공부하고 또 잊을 만하면 공부하는 게 요령이다.

소위 선생님들이 많이 시키는 '깜지'는 이 관점에서 보면 비효율적인 방법인 것이다. 아침에 공부한 내용을 점심 때 반복해서 보고, 그리고 저녁에 잠들기 전에 반복하는 형식으로 시간차를 두고 공부해야 한다. 전습법과 마찬가지로 분습법의 시간 간격도 너무 길면 반복 학습 효과가 떨어진다. 심리학자들은 처음 학습한 후 8~9시간 안에 반복을 해주어야 효과적이라고 말한다. 수학과 영어회화에서 벼락치기 공부가 통하지 않는 이유가 여기에 있는 것이다. 다시 말해, 공부는 자기 자신과, 그리고 시간과의 끊임없는 싸움이다.

고등학교 3년 동안 공부한 내용을 평가받는 수능시험에서 좋은 점수를 얻으려면 암기는 필수다. 암기한 내용을 잊지 않으려면 계속해서 반복 학습해야 한다. 그러나 반복 학습에도 일정한 주기가 있으며, 각 과목의 특성에 맞춰 적절하게 활용해야 한다. 어떤 과목은 하루 열 시간씩, 또 어떤 과목은 하루 한 시간씩 열흘 동안 공부하는 것이 나을 수도 있다.

앞에서 각 과목의 특성에 따라 대나무학습법은 분습법과 전습법, 두 가지로 분류할 수 있다고 하였다.

먼저, 분습법은 학습할 내용을 조금씩 습득하는 방법이다. 쉽게 외워지지 않는 내용을 학습할 때 사용하는 방법으로, 언어의 일종인 수학과 영어회화가 여기에 속한다. 수학과 영어회화는 단번에 끝내기 어렵다. 상징적인 기호 체계로 구성된 수학은 암기하고 뒤돌아서면 바로 잊어버리는 특성이 있다. 그래서 한번 공부할 때 한꺼번에 긴 시간을 공부하는 전습법과 달리 언제든 문제 단위로 끊어서 공부할 수 있는 과목이다.

고 1부터 수학을 공부한다면 처음에는 하루에 30~40문항 정도 풀고 반복의 횟수가 늘어 가면 훨씬 더 많은 문제를 하루에 풀 수 있다. 처음부터 하루에 30~40문항씩 매일 푸는 게 말처럼 그리 쉬운 일은 아니지만, 1~2년간 꾸준히 한다면 한 책을 10번 정도씩을 풀어 낼 수 있게 된다. 쉽지는 않겠지만 쉬는 시간이나 점심때 또는 자습 시간 등 시간이 날 때마다 틈틈이 수학에만 전념해야 한다.

반면, 영어회화는 등하교 시간에만 꾸준히 들으면 된다. 한번 듣는 분량은 부담되지 않으면서 매일 들을 수 있는 정도가 좋다.

영어독해, 국어, 국사는 전습법으로 공부하라

1회 학습량을 꼭지별로 정해라

여러분이 배우는 학과목은 대부분 세월이 흐르면서 일정한 체계에 따라 서로 연관된 부분들이 합쳐져 지식으로 담긴다. 전습법은 바로 이렇게 내용의 흐름을 공부해야 하는 과목에 효율적이다. 한 번에 한 과목씩 학습 내용을 일괄적으로 공부하도록 한다.

예를 들어, 국사를 공부한다면 그 과목을 끝낼 때까지는 다른 과목은 공부하지 말고 계속 국사만 공부하는 것이다.

그런데 한 과목을 일시에 끝낼 수는 없으므로 1회 학습량을 정해야 한다. 1회 학습량을 시간 개념으로 정해서는 안 되며, 학습 꼭지나 단원별로 나누도록 해야 한다. 적어도 교과서에서 분류된 한 단원, 즉 내용의 전개가 끝나는 곳까지를 1회 학습량으로 정한다. 그러나 이것은 시간 제약을 받을 수 있다. 1회 학습량의 최소 시간은 적어도 두세 시간

이상은 되어야 한다. 내용이 끝나지 않은 시점에서 학습을 중단하면 지금까지 학습한 내용은 모두 물거품이 되고 만다. 불가피하게 중단했을 때는 그 단원을 처음부터 다시 시작한다.

이 말은 실행하다 보면 무척 중요하고도 무서운 말이며 집중하게 만드는 하는 말이라는 것을 알게 될 것이다. 중간에 학습이 끊어지면 쭉 이어지던 흐름이 깨지기 때문이다. 혹시 화장실이나 지하철에서 매일 조금씩 책을 읽어본 적이 있는가? 아무리 꼼꼼하게 읽었어도 다 읽고 나면 그 줄거리조차 기억나지 않을 때가 있다. 소설책처럼 일정한 흐름에 따라 내용이 전개되는 책은 단숨에 읽어야 줄거리가 기억에 남는 법이다. 수학이나 영어회화처럼 분습법으로 공부해야 하는 과목을 제외하고 모두 전습법으로 학습한다. 영어독해, 국어, 국사, 선택과목 모두 전습법이 더 효율적이다.

학교 공부는 잠시 잊어라

지금 학교는 분습법과 전습법 방식과는 동떨어진 수업을 한다. 50분 수업하고 10분 쉬는 시간은 분습법으로 공부하기에는 너무 많은 시간이고, 전습법으로 공부하기에는 너무 짧은 시간이다. 전습법은 최소 2시간 이상 시간을 확보해야 가능하고, 그 시간이 안 된다면 모두 분습법에 해당하는 과목을 공부해야 한다. 따라서 전습법은 학교 수업시간에는 활용할 수 없으므로 결국 스스로 공부하는 시간에 활용해야 한다. 자습시간이나 짜투리 시간에는 분습법에 맞는 과목을 공부하고, 야간 자율학습 시간이나 집에서는 전습법에 맞는 과목을 공부한다.

수고했다, 아들아!

독자들이 필자에게 전화를 해 와서 묻는 것이 내 아이들의 공부에 대해서다. 공부법 선생이니 자식을 열심히 가르치는 것으로 아는 경우가 많은 데 실제로는 그렇지 않았다. 수학학습지를 매일 풀라는 것 이외에 초등학교와 중학교에서는 학원도 한 번 보낸 적이 없었고, 흔한 문제집 한 권 준 적이 없었으며, 공부하라는 소리 한 번 해본 적이 없다. 중학교 때 장난스럽게 공부 때문에 스트레스 받지는 않느냐고 물어보았는데, 그때마다 아이는 "공부를 해야 스트레스를 받지요."라고 대답할 정도였다.

이렇게 놀린 것은 아이에 대한 기대를 접은 것이 아니라 더 큰 기대를 갖고 있었기 때문이며, 아이를 믿고 대나무학습법을 믿었기 때문이다. 공부를 하지 않았으니 당연히 초·중학교에서 성적이 좋지 않았다. 대신에 고등학교에 가서는 열심히 공부하기로 초등학교 때부터 약속한 상태였다. 아이는 인근 인문계 고등학교를 간신히 합격한 상태였다. 다음은 아들 강이가 고등학교 입학을 앞둔 밥상머리에서의 대화다.

조선생 약속한 때가 되었다. 열심히 할 준비가 되었지?

강이 예.

조선생 이제 너에게 두 가지를 요구한다. 첫째, 앞으로 2년간 아침에 눈떠서 잠이 들 때까지 수업시간을 제외한 모든 시간은 수학을 공부한다. 수학의 기본서는 한 권씩으로 정하고 각각 10번씩 반복하여 고3의 2월까지 끝낸다.
둘째, 각 과목의 수업시간에는 이해는 물론이고 암기까지 해서 그 시간에 끝내야 한다. 그 과목을 별도로 시간을 내서 공부할 시간이 없기 때문이다.

강이 시험 때는 어떻게 해요?

조선생 일주일간만 한다.

강이 알았어요.

조선생 하루 종일 공부한 수학의 점수 목표는 모의고사 점수 80점이다.

강이 수학을 하루 종일 공부하라면서 왜 목표가 100점이 아니라 80점이예요?

조선생 어떤 기본서든 완전하지 않지만 80%는 포함하고 있다. 한 권만 하라고 하였으니 당연히 80점이 목표라 하는 것이다. 만약 네가 더 높은 점수를 받는다면 그것은 내가 아니라 너의 공이다.

　　이과를 선택한 아들 강이는 지난 2년간 수학을 정말 열심히 했다. 3년간 모의고사는 1~3등급을 왔다갔다 했다. 보통 3~4번 반복한 경우에는 내신시험에서 70점대를 받았지만, 7번이상 반복 했을 때에는 90점이 넘었다. 그러나 수학 만큼은 전교 순위 안에 들어가게 되었다. 약속 시간보다 2개월을 초과한 고3의 4월 말에서야 수학 기본서를 10번씩 끝냈고 5월부터 대나무학습법에 들어갔다.

　　고등학교 수학, 특히 이과수학의 분량은 상상을 초월할 정도로 많다. 고등학교 전체 공부 분량의 80%를 차지하고 있기에 수학이 대학을 좌우한다는 말은 허언이 아니다. 수학을 못하고 나머지 과목들을 모두 100점을 받는다 해도 좋은 대학을 갈 수는 없다. 물론 역으로 수학만 잘하고 나머지 과목을 못한다 해도 마찬가지지만, 80%를 끝내고 20% 때문에 대학을 못 간다는 것은 말이 안 된다.

　　고등학생들이여, 대나무학습법을 믿고 고등학교 1~2학년을 수학에 모든 시간을 걸어보지 않으려는가?

2장

공부와의 싸움에서 이기는 전략

공부도 전략이 필요하다 1

흔히 '길고 짧은 것은 대봐야 안다'고 한다. 그런데 이 말은 서로 차이가 비슷할 때 적용할 수 있는 말이다. 차이가 분명한데도 비교하고 경쟁하는 것은 무모하다. 그러나 차이가 많이 나도 전략을 잘 짠다면 얼마든지 경쟁에서 우위를 점할 수 있다. 이것이 바로 이기는 전략이다.

유럽을 제패한 나폴레옹도 반드시 이길 수 있을 때만 전쟁을 일으켰다. 전쟁에서 질듯하면 강화나 화친을 맺다가 아군의 군사력이 적군보다 세 배 더 우세할 때 전쟁을 했다. 나폴레옹은 '이미 싸우기 전에 승리 한 것이며 실제 전쟁은 이를 확인하는 작업일 뿐이다'라고 하였다. 싸우는 전쟁마다 승리하니 군사들의 사기도 향상되었고, 전력이 이미 우세하니 항상 전쟁에서 승리한 것이다.

그러나 상황이 우세할 때만 전쟁을 일으켜 승리했을까? 물론 아니다. 화력이 열세할 때 일으킨 전쟁에서도 승리하였는데, 상대적으로 열

약한 상황에서도 우위를 점한 나폴레옹의 전법을 하나 살펴보자.

　상대편 진영은 화포가 5문이고 나폴레옹 진영은 화포가 3문이 있다고 하자. 전략을 짜지 않고 싸운다면 이 싸움은 누가 보더라도 상대적으로 열세다. 이때 나폴레옹은 가지고 있는 화포 세 개를 모두 상대편 진영에 있는 화포 중 제일 약해 보이는 화포 하나에 집중적으로 포격하여 화포를 완전히 못쓰게 만든다. 화포 한 개에 가지고 있는 화포 세 개로 집중적으로 포격함으로써 일시적으로 3:1의 전력적 우위를 확보한다. 완전히 못쓰게 된 화포를 본 나머지 화포를 다루던 군사들은 심적인 두려움이 생겨 결국 우위에 있는 전력을 제대로 사용할 수 없게 된다. 이처럼 무작위로 대상을 하나 선택해 집중적으로 공격하여 다른 대상들의 전략도 무력화함으로써 상대적으로 열세인 상황을 만회할 수 있었던 것이다.

　수능 7과목도 마찬가지다. 골고루 조금씩 여러 과목을 공부하는 방법으로는 다른 학생들과의 전투에서 이미 벌어진 열세를 만회하기 어렵다. 한 과목씩 집중적으로 파고들어 끝내야 이미 벌어진 차이를 그나마 좁힐 수 있다. 그동안 잘했든 못했든 초·중·고등학교 12년 동안 줄곧 공부해 왔다. 이를 다시 원점으로 되돌릴 수는 없다. 대나무처럼 오랫동안 견고하게 뿌리를 땅속에 내딛었다면 이제 혼신의 힘을 다해 땅 위로 죽순을 내밀어야 한다. 어린 싹을 틔우고 키워서 열매를 맺을 때가 된 것이다. 최종 목표인 대학교에 당당히 들어가려면 이제 자신만의 죽순 만들기를 완성해야 한다.

　　TV 보고, 게임하고, 연애하고, 친구들과 놀고, 채팅하고, 군것질하고, 충분히 잠자고 나서 남는 시간에 공부할 생각이라면 아예 공부를 포기해라. 공부를 하지 않고도 잘하게 해주는 학습법은 절대 없다.

　　공부하지도 않으면서 공부가 어렵다고 말하지 마라. 많은 학생들이 문제를 풀려는 노력조차 하지 않은 상태에서 지레 어렵다고 불평한다. 공부가 어렵다고 말할 수 있는 자격은 공부를 한 사람에게만 있다. 남들과 똑같이 놀면서 공부가 어렵다고 말하는 사람은 이것 때문에 공부할 시간이 없다고 늘어놓는 푸념에 불과하다. 정말 공부를 잘하고 싶다면 남들보다 몇 배 이상 더 노력해야 한다는 것을 잊지 마라.

　　초·중학교에서는 결과보다는 과정을 중요하게 여겼다. 비록 100점을 맞지는 못해도 노력하는 모습만으로 기대한 성과를 거둘 수 있었다. 그래서 '결과에 상관없이 무조건 열심히만 했으면 된 거다'는 생각을 갖게 되었다. 그러나 이제 결과에 책임져야 할 때가 되었다.

날마다 열심히 공부했는지 가슴에 손을 얹고 대답해 보라. 밤늦게 집에 오면 부모님은 내 아이가 그저 학교에서 열심히 공부했겠거니 생각해 '피곤하지?' 하며 격려하고 혹시 너무 무리하여 건강을 해치지는 않을까 염려한다. 이런 부모님에게 죄송하지 않은가? 피곤하다, 기분 나쁘다 등 그날 감정이나 환경에 따라 해야 할 공부를 게을리 하지 않았는가? 아니면 수업시간 내내 엎드려 자다가 쉬는 시간에는 눈이 말똥말똥하지 않았는가? 이런 나태한 생활 습관을 조금씩 바꾸려고 생각했다면 차라리 지금 그대로 살아라. 조금씩 바꾸겠다는 생각은 하지 않겠다는 말과 다름없다. 기존에 가진 사고의 틀을 전면적으로 바꾸지 않으면 이 대나무학습법은 아예 시도조차 할 수 없다. 남보다 더 생각하고, 더 노력하고, 더 집중해서 공부해야 진정으로 노력한 것이다. 평범한 노력, 즉 남과 같은 시간, 같은 수준으로 하는 노력은 진정한 노력이 아니다. 원래 교육의 궁극적인 목표는 '변화'에 있다. 공부에 맞는 몸과 마음으로 변해가지 않고 그냥 지식만이 들어갈 수도 없거니와 그렇게 생각한다면 교육도 공부한 것도 아니다.

목숨을 건 전투처럼 열정적으로 모든 것이 바뀌도록 한번 공부해 보자. 공부하다 죽거나 미치지는 않는다. 만약 공부하다 미친다면 그것은 공부가 잘 안 돼서 생긴 스트레스 때문이다. 차라리 공부하다 죽겠다는 심정으로 공부해라. 그동안 정말 열심히 공부해 본 적이 있었는가? 지금까지도 열심히 놀았고 어차피 대학교 가서도 놀 시간은 많으니 죽어라 공부할 시간은 지금밖에 없다.

이상은 높게, 목표는 구체적으로 잡아라 3

우선 의지를 가다듬어야 한다. 확고한 목표가 확실한 동기를 부여한다. 목표를 구체적으로 세워야 공부할 당위성도 느낀다. 이때 설정한 목표는 높게 잡는 게 좋다. 실현이 불가능하다고 주위 사람들이 놀려도 상관없다. 서울대학교를 가겠다고 한다면 전국 수석을 꿈꿔라. 그래야 서울대학교를 갈 수 있다. 전교 일등을 목표로 하면 전교 일등은 고사하고 상위권 대학교도 갈 수 없다. 먼저 목표를 높게 설정하고, 그에 맞춰 노력을 하면 되는 것이다.

어린왕자를 쓴 생텍쥐페리도 훌륭한 배를 만들려면 좋은 목재를 준비하기 전에 배를 만드는 사람에게 바다를 동경하는 마음을 먼저 심어주라고 했다. 인생에서 이루고자 하는 구체적 목표가 아직 없다면 '대학교에서 만끽할 낭만'이 의지를 불러일으킬 수도 있을 것이다. 들어가고 싶은 대학교에 혼자서 한 번 가보자. 이때 친구들과 함께 가는 것이 아니라 반드시 혼자서 가야한다. 군중속의 고독이라는 말이 있다. 재학생들이 즐겁게 놀고 떠드는 모습을 보면서 '내가 곧 가니 조금만 기다려라'라며 그들 속에서 같이 웃고 떠들고 싶은 욕구가 솟아오를 것이다.

원하는 대학을 방문하여 의지를 북돋웠다고 해도 막상 눈앞에 현실로 닥치지 않으면 실천하기가 어렵다. 이 학습법을 체험한 학생들이 대부분 고등학교 2학년 때 처음 접했음에도 고등학교 3학년이 되서야 실행했다는 점은 다급한 마음이 들기 전에는 실천하기가 그만큼 어려움을 보여주는 것이다.

대나무학습법의 성패 여부는 1회독에 달렸다. 한달 반 정도 걸리는 1회독은 그만큼 끝내기가 어렵지만 학습 성패를 좌우할 정도로 중요하다. 공부의 방법이 결정되었다면 얼마만큼 집요하게 노력했느냐가 중요하다. 짧은 시간 내에 끝내는 것이 어찌 쉽겠는가?

이상하게 들리겠지만 공부를 시작하지 않고서는 공부에 흥미가 생기지 않는다. 공부하는 게 싫다고 말하는 학생들은 대부분 공부의 참맛을 아직 모르는 것이다. 해보지도 않았으면서 그것이 싫은지 좋은지 어찌 알 수 있겠는가? 그렇다면 이 세상에서 좋아할 일은 하나도 없을 것이다.

운동을 좋아하지 않는 사람에게 뙤약볕에서 땀을 흘리면서 즐기는 농구나 축구가 재미있어 보일까? 공을 한 번 치고는 엄청 걸어야 하는 골프가 좋아 보이겠는가? 직접 해보는 과정에서 자연스럽게 즐거움과 묘미를 찾게 된 것이다. 공부도 마찬가지다. 공부를 잘하는 학생들도 처음부터 공부가 재미있었을 리가 없다. 하지만 공부를 하다 보니 성적도 오르고 재미도 들려 처음보다 공부가 고통스럽지 않게 된 것이다.

마오쩌둥은 이렇게 말했다.

“배의 맛을 알려면 배에게 물리적 변형을 일으켜야 한다. 즉 배를 직접 먹어봐야 그 맛을 제대로 알 수 있다.”

대나무학습법도 충분한 시간 확보가 중요하다. 학교 수업시간을 제외하고 일주일에 최소 30시간 이상 확보해야 한다. 이 30시간은 책상 앞에 단순히 앉아있는 시간까지 포함한 것이 아니라 순수하게 공부하는 시간이다. 이 정도 시간은 확보해야 일주일에 한 과목을 전습법으로 정독할 수 있다. 일주일에 최소 30시간 이상 확보하려면 적어도 하루에 5시간은 책상 앞에 앉아 공부만 해야 한다. 확고한 믿음 없이는 실천할 수 없는 방법이다. 또 내가 공부하는 방법이 효율적이라는 확신이 있어야 한다. 그래야 공부할 맛이 난다.

이 책의 학습법을 내 나름대로 최선을 다해 설명하여 여러분을 설득하려고 한다. 그런데도 ‘이런 학습법이 과연 효과가 있을까?’ 하는 의문이 생기거나 죽기 살기로 하자는 마음이 들지 않으면 하지 마라. 어차피 끝까지 할 마음이 아니라면 아예 처음부터 시작하지 않은 게 더 낫다.

공부한 만큼 성적이 오를까?

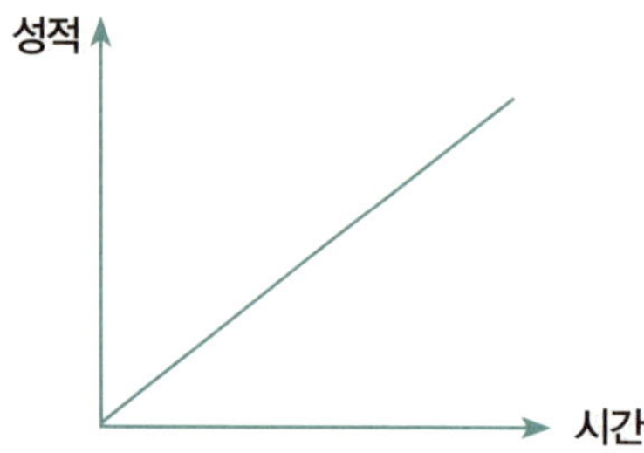

공부를 한 만큼 성적이 오를까? 많은 학생이 성적은 공부량에 비례해서 오를 거라고 기대한다(앞의 그래프 참조). 하지만 성적은 좀체 오르지 않는다. 그러면 아이들은 '나는 머리가 나쁜가?', '고칠 수 없는 선천적인 학습 장애가 있나?' 등 별의별 생각을 하게 된다.

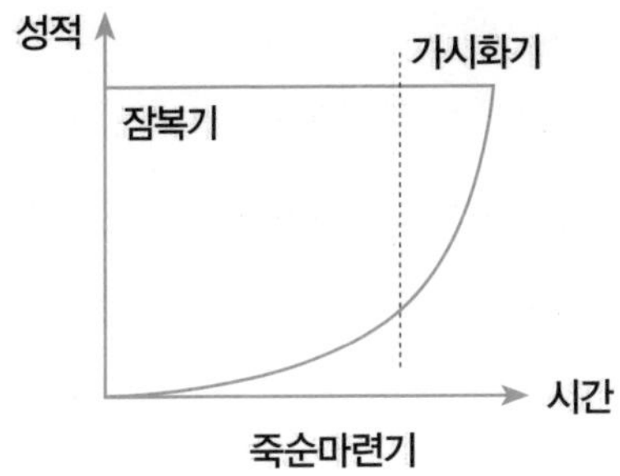

공부한 만큼 성적이 오른다면 공부를 못하는 아이는 아마도 훨씬 줄어들 것이다. 그러나 공부가 갖는 고유한 특성 때문에 공부한다고 해서 바로 성적이 오르지는 않는다. 공부는 긴 시간을 지나 공부한 내용들이 차곡차곡 쌓여 마침내 결실을 맺게 하는 특성이 있다. 그 때문에 '나는 해도 안 된다'고 자포자기하여 중도에 많이 포기하게 된다. 중도포기는 공부가 지겨운 작업이라는 생각만 확고하게 만들어 준다.

대나무학습법은 이 긴 잠복기를 좀 더 짧게 만들어 준다. 하지만 이것은 의지만으로 이겨내기에는 힘든 작업이다. 3년 공부를 6개월 만에 끝내야 하는데 어찌 쉽겠는가? 하지만 짧은 기간 내에 최선을 다하기 때문에 만족할 만한 성과를 얻을 수 있다. 좋은 성적은 결국 더 많은 의지와 희망을 불러일으킨다.

그러나 초기의 죽순 만들기 단계에서는 성적이 비약적으로 올라가지는 않는다. 3~5회독을 했는데도 성적이 오르지 않는다고 자책하지 마라. 비로소 뼈대를 만들었을 뿐이다. 하지만 이 단계를 넘으면 학습 효율이 극대화된다.

금쪽같은 시간을 낭비하지 않는 교재

공부를 잘하는 학생들 중에는 한 과목을 공부할 때 참고서 여러 개를 서로 비교해 가며 참고할 때가 많다. 이렇게 공부해야 내용이 확실하게 이해되고, 변형된 문제를 풀 수 있다고 말한다.

그러나 수험생은 대학교에 들어가는 게 일차 목표지 학문의 깊이를 깨달으려고 공부하는 게 아니다. 처음부터 많은 교재를 보면서 지식을 튼튼히 하려고 하면 너무 방대한 지식과 반복 주기가 길어져 오히려 비효율적이다. 수능은 모두 일곱 과목이다. 그 중 분습법으로 공부해야 하는 수학과 영어회화를 제외하고 영어독해, 국어, 국사, 선택과목 등을 전습법으로 공부해야 한다.

전습법으로 하는 교재는 과목별로 딱 한 권씩이 적당하다(이렇게 선택한 책을 이후로는 '기본서'라고 하겠다). 이 기본서 이외의 책은 볼 필요가 없다. 단권화 작업을 할 때까지는 바꿀 수 없으며 오로지 이 책으로만 공부해야 한다. 다른 학생들을 따라서 이것저것 손을 대서는 안 된다. 기본서를 한 권으로 정하면 여러 책을 보면서 생기는 혼란을 막을 수 있고 최대한 깊이 있게 공부할 수 있어 마지막 정리도 수월하다.

책 한 권만 집중적으로 공부하라는 말을 아마 여러 번 들었을 것이다. 그런데 이 방법은 전습법과는 조금 다른데, 책 한 권을 중심으로 공부를 하되 다른 참고서로 내용을 보충하는 방식이다. 원래 사람은 알 듯하다가도 잘 모르면 다른 책을 보고 싶어 한다. 그래서 바탕이 견고해질 때까지 반복하지 못하고 늘어진 시간 때문에 도중에 흐지부지되고 만다. 책 한 권을 완전히 끝나기 전에는 어떤 책도 보지 마라.

전습법은 책 한 권을 선정해 그 책을 수능 전까지 줄곧 봐야 하므로 어떤 교재를 선택하느냐가 가장 중요하다. 책을 한번 선택했으면 도중에 바꿔서는 안 된다. 다른 책으로 바꾸면 그동안 공부한 시간과 노력이 모두 물거품이 될 수도 있다는 것을 명심하라.

교재 선정 기준

1. 300쪽 정도의 분량

자세한 설명이 곁들여져 있어 분량이 많은 책은 이해하는 데는 도움이 될 수 있으나 반복 기간이 길어진다는 단점이 있다. 만약 의지가 남들보다 약하거나 시간이 충분하지 않다면 200쪽 분량 정도의 책도 괜찮다. 그러나 너무 적은 분량은 내용을 압축해 놓았기 때문에 쉽게 이해가 되지 않을 수도 있다. 여기서 교재 분량이 중요한 이유는 양보다는 질이 더 중요하기 때문이다. 양을 질로 바꾸는 것보다는 질을 양으로 바꾸는 게 더 쉽다.

2. 많은 학생이 보는 책

많은 학생이 보는 책은 우선 내용 면에서 검증을 받았다는 말이다. 내용이 알차고 좋기 때문에 꾸준히 잘 팔리는 것이다. 새로 나온 책을 살 때는 우선 잘 아는 단원을 꼼꼼하게 살펴 구성이나 내용이 좋은지 꼭 확인해야 한다.

3. 보기 편하고 깔끔한 느낌을 주는 책

문장은 이해하기 쉽게 잘 풀어썼는지, 편집이 조잡하여 보기 불편하지는 않은지, 책의 여백은 충분한지를 꼼꼼하게 살펴본다.

4. 학교에서 선정한 교재

EBS 등 학교에서 선정한 교재가 위에서 말한 기준과 일치한다면 해당 교재를 그대로 사용해도 좋다. 학교에서 공부하는 교재와 혼자서 공부하는 교재가 서로 다르면 공부에 쏟는 힘이 양분되어 힘의 손실이 일어난다. 이때는 수업 교재가 언제든지 바뀔 수 있다는 점을 항상 염두에 두자.

5. 현재 보는 교재

지금 보는 교재가 위의 조건에서 크게 벗어나지 않는다면 마찬가지로 그대로 사용해도 좋다. 이제까지 해당 교재로 공부하면서 들어간 노력이 책을 바꿈으로써 무위로 돌아갈 수 있다.

기본서 선택도 중요하지만 여기에 너무 많은 시간을 쏟는다면 학습법을 실행할 시간도 그만큼 늦춰진다. 이 기준에 따라 선택한 교재도 공부를 하다 보면 마음에 들지 않거나 더 좋은 책이 눈에 들어오기도 한다. 교재에 교과와 관련된 모든 내용이 담겨 있지는 않으므로 지금 공부하는 교재가 완벽하지 않다고 해서 걱정할 필요는 없다. 자신의 마음에 쏙 드는 완벽한 책은 없다. 완벽한 책을 선택했다고 해도 아직

80% 정도 밖에는 완성되지 않은 것이다. 단권화 작업으로 차츰 보완하면 된다.

교재를 선정한 뒤에는 이제 무엇을 먼저 공부하느냐의 문제가 발생한다. 그래서 '좋아하는 과목을 먼저 하나요? 아니면 싫어하는 과목부터 해야 하나요?'라는 질문을 많이 받았다.

결론부터 말하자면 어떤 것이든 상관없다. 자신의 의지가 강하면 싫어하는 과목부터, 의지가 약하면 좋아하는 과목부터 하면 된다. 좋아하는 과목부터 하면 나중에는 결국 싫어하는 과목만 남게 되는데, 좋아하는 과목을 공부하면서 공부에 충분히 재미를 붙였기 때문에 얼마든지 자신의 의지로 싫어하는 과목도 끝낼 수 있다.

다만 과학을 공부하는 사이사이에 국어나 영어 등 다른 과목을 끼워 넣어 과학만 계속하는 상황을 막는 게 좋다. 그러나 이것도 그리 중요한 문제는 아니다.

실천할 자신이 없다면 계획을 세우지 마라 6

계획표 만들다 시간만 낭비한다

많은 사람은 계획을 세우면서 각오를 새롭게 다지고, 설사 그 계획을 완벽하게 달성하지는 못해도 어느 정도는 달성하지 않을까 하고 기대한다. 또 만약 작심삼일로 그치더라도 3일에 한 번씩 다시 새롭게 계획을 세우면 되지 않겠냐고도 한다. 더구나 지금은 유명인사가 된 사람이 자신의 학창시절 경험에 비추어 제시한 방법일 때는 무작정 거부할 수도 없는 노릇이다. 그러나 계획표를 만드는 것을 무슨 공부의 시작으로 알고 계획표만 만들다 시간을 모두 낭비하는 학생이 너무 많다. 계획을 세워 잘 실천할 자신이 없다면 굳이 계획을 짜지 않아도 된다.

계획을 짤 때는 '아침에 몇 시에 일어나 몇 시에 학교 가고, 몇 시까지 야간 자율학습하고 집에 와서 몇 시에 잔다'는 식은 별로 효율적이지 못하다. 큰 산이나 구릉이 있어서 길을 가다 넘어지는 것이 아니고

발부리에 채인 작은 돌부리 때문에 넘어진다. 일일계획을 잘 짜서 그대로 실천하려는데 하필 제 시간에 엄마가 밥을 주시지 않았다면, 거기서부터 계획은 조금씩 어긋나게 된다. 이렇게 아주 사소한 일로도 어긋날 수 있는 계획은 아무리 꼼꼼하게 짜도 도저히 실천하기 어렵다. 여러분 모두 계획표를 세워 실패한 경험이 많을 것이다.

계획은 시간 중심이 아닌 학습 중심으로 짜라

계획을 짤 때는 시간 중심이 아니라 학습 내용 중심으로 계획을 짜야 한다. 시간에 따라 계획표를 짜면 너무 시간에 구속되어 공부가 지루해지고 집중도 잘되지 않는다. 무엇보다 아주 사소한 일로도 계획이 어긋날 수 있다. 반면에 학습 내용 중심으로 짠 계획은 짧은 시간 내에 계획한 바를 달성하려고 더 집중하게 되며, 내용 위주로 공부하기 때문에 달성한 계획은 바로 성적으로 연결된다.

굳이 분류하자면 대나무학습법은 학습 내용 중심의 계획이라고 할 수 있다. 그런데 대나무학습법에는 세세한 계획표가 필요 없다. 전습법은 하루에 한 과목만 보므로, 매 시간별 세부 계획이 바로 있다. 계획은 하루에 여러 과목을 공부할 때 필요한 것이다. 하루에 공부해야 할 과목이 하나이므로 생활도 단순해진다.

말을 줄여라(Big Mouth 금지!)

첫째, 공부 좌우명을 정해라(선택)

목표로 하는 대학이나 공부 지침이 되는 문구 정도는 책상에 붙여도 좋다. 그러나 대나무학습법을 실행한 학생들은 거의 대부분 공부좌우명을 붙이지 않았다.

둘째, 전습법 계획표를 만들어라(필수)_이 책 부록 참고

A4 용지 한 장에 공부해야 할 전습법 과목들을 공부 순서대로 세로로 쓴다. 여기에 1회독 즉, 한 과목이 끝날 때마다 선을 그어 바를 정(正)자를 만든다. 이 한 장이면 대나무학습법에서 필요한 계획은 모두 짠 것이다. 이처럼 책상 근처에 공부한 실적을 적는 것도 스스로의 만족과 의지를 북돋운다는 점에서 필요하다. 다만 수험 일기나 잠자기 전 그날 목표한 분량을 마쳤는지를 되돌아보는 시간은 꼭 필요하다. 공부가 잘된다고 계획한 시간보다 오래 공부하는 것도 장기적으로는 좋지 않다.

셋째, 생활을 단순화하라(필수)

모의고사 일정, 가족 생일 등 공부와 관련 없는 상황은 수첩에 적어 머릿속에 기억할 가짓수를 줄인다. 그리고 되도록 불필요한 말은 줄인다. 잠시 일시적으로 인간관계를 희생하는 게 좋다. 정말 친한 친구 관계는 쉽게 끊어지지 않으며, 쉽게 끊어질 관계라면 차라리 끊겨도 상관없다고 생각하라. 공부를 방해하는 주위 환경을 정리하면 공부에 더 집중할 수 있다.

지독한 자기관리를 시작하라

7

공부할 때는 다른 사람의 눈을 의식할 필요가 없다. 놀면서도 공부 잘하는 학생으로 보이려고 노력하지 마라. 학생들 중에는 밤새 놀고도 열심히 공부했다고 자랑하거나, 밤에 열심히 공부하고도 일찍 잤다고 엄살을 부리는 학생들도 있으나 모두 쓸데없는 행동이다. 이런 것들은 모두 남을 의식하는 데서 나온 말이다. 다른 사람은 어떻든 내 갈 길만 가면 된다는 생각, 다른 사람의 시선에 휘둘리지 않는 꾸준한 노력이 필요하다. 자신감이 넘치면 쓸데없는 말을 하지 않게 되는데, 이것은 지독하게 '자기 관리'를 해야 가능하다.

공부할 때도 기본서 이외에 다른 물건은 되도록 책상 위에 두지 마라. 그렇다고 공부하기 전 책상 위를 정리하라는 말은 아니다. 자칫 책상 정리하다 시간을 모두 허비할 수 있다. 책상 위가 지저분해야 오히려 공부가 잘된다는 사람도 있는데, 이것도 어디까지나 공부에 필요해서지 결코 불필요한 물건을 무질서하게 늘어놓은 건 아니다. 어차피 분습법을 제외하면 하루에 한 과목씩 공부하므로, 책이 여러 권 필요하지 않다.

필자가 고등학생 때 우연히 고시합격자 수기집을 읽었는데, 사법고시, 행정고시, 외무고시를 모두 합격한 사람의 수기였다. 고시 하나 합격하는 것도 굉장히 어려운데 그는 고시 세 개를, 그것도 대학교 4년 재학 중에 모두 합격한 유일한 사람이다. 그가 바로 고승덕 변호사다.

수기에서 그는 고등학생 때의 일을 아주 짧게 언급하였다. 정확하지는 않지만 '대입을 앞두고 열심히 공부했다'는 대목이 있었는데, 흔히 말하듯이 그냥 열심히 공부했다는 뜻인 줄 알았다. 그러나 그 뒤에 '누구나 수석이 될 수 있으나 수석은 못했다. 수석은 아마 하늘이 내리는가 보다'고 말했다. 그때 받은 강렬한 분개는 지금도 잊혀지지 않는다. 직접 말은 하지 않았지만 아마도 수석이 목표였던 듯하다. 여러분도 현재의 성적 따위에 얽매여 목표를 너무 낮게 잡지 마라. 목표를 높게 잡으면 그에 걸맞는 지침과 노력도 하게 마련이다.

그에게도 공부 좌우명이 여러 개 있었는데, 그 중 '피곤과 나태를 구분하라'는 말이 가장 좋아서 책상 위 벽에 붙여 놓았었다. 공부하다가 힘이 들어 쉬고 싶을 때마다 내 자신에게 정말 '피곤'한지 묻곤 했는데, 결과는 어김없이 '나태'쪽으로 기울어졌다.

학부모에게는 지도가 필요하지만 공부하는 여러분에게는 나침반이 더 필요하다. 세세한 부분까지 구체적으로 짠 계획표 같은 지도는 만들기도 어렵고 만들었어도 그대로 실천하기 어렵다. 나침반처럼 정해진 한 방향으로 끝까지 가야 하는 것이다. 정해진 방향으로만 밀고 나가고, 그 방향이 아닌 쪽이나 유혹에는 단호하게 '아니오'라고 말할 수 있어야 한다.

그래서 책상 위에 자신을 채찍질할 수 있는 공부 좌우명이 하나 정도는 필요한 것이다.

서희야, 믿는 만큼 결실이 있단다

　서희는 초등학교 5학년부터 지금 고2까지 나에게 수학을 배우는 이과의 예쁜 여학생이다. 공무원인 아빠와 엄마가 좀 고지식한 편이라서 그런지 서희도 약간 그런 면이 있다.

　10월인 지금 수학I, 수학II, 미적분I을 10번을 반복하였고 미적분II는 6번을 반복한 상태다. 앞으로도 기하와 벡터, 확률과 통계가 남았는데 이것을 내년 2월까지 끝내려면 분발해야 한다고 말하고 있었다. 그런데 지난주 엄마가 학습방법을 바꾸게 되어 이제 그만해야겠다는 말을 하였다. 왜 그러냐고 물었더니, 선생님이 수학만 공부하라고 하는데 모의고사에서 미적분이 3등급이 나왔고 확률과 통계는 6등급이 나왔다. 게다가 영어는 과외를 하는데도 국어와 영어가 60점대다. 뭔가 근원적으로 바꿔야지 이 상태가 지속된다면 지방 국립대도 어려운 것이 아닌가란 말을 하였다.

말은 안했지만 서희의 오빠를 해군사관학교에 보냈지만 아직 못 믿는구나라는 생각이 가장 먼저 들었다. 그래서 다음과 같이 말하였다.

"국어와 영어가 잘 나오지 않았고 확률과 통계의 점수가 잘 나오지 않은 것도 수학만 올인하라고 한 나의 탓이 맞습니다. 물론 6번 반복해서 3등급은 미흡한 수준이며 2등급 정도는 되어야 합니다. 그렇지만 미적분의 등급이 3등급이 나온 것을 아무 효과가 없는 것처럼 말씀하시는 것은 이해가 되지 않는군요."

만족할만한 점수는 아니지만 일반고에서 사실 수학 3등급은 결코 낮은 점수가 아니다. 부모님의 입장에서는 수학 3등급은 별거 아니라고 생각한다. 인근의 2~3등급을 받는 고2 여학생인 승연이의 부모님도 같은 문제제기를 받아서 한참을 실갱이 하다가 지난 9월에 1등급을 받고서야 비로소 잠잠해진 것이 한 달 전이다.

부모님의 입장에서는 계속해서 모든 과목을 잘하기를 바라기 때문에 필자가 제시하는 방법은 참으로 위험천만인 듯이 보이는 것이 사실이다. 그런데 모든 과목을 잘하겠다는 전략이 자칫 수학의 점수를 높이지 못한다면 모든 것이 무용지물일 수 있다. 수학만 해서도 2~3등급이 나왔는데, 만약 수학을 열심히 하지 않았다면 그 보다 훨씬 점수가 형편없었을 것이다. 게다가 2년 동안 수학을 하고 앞으로 남은 1년 아니 3월부터 정확히 8개월 동안 대나무학습법처럼 성적을 올리는 방법을 제시하는 학습법이 거의 없다. 부모님의 반대에도 불구하고 서희나 승연이는 대나무학습법을 믿고 따르기로 하였다. 애들아, 걱정하지 마라. 믿는 만큼의 결과가 있을 것이다.

3장

수시전형 70%, 내신 1등급을 위한 대나무학습법

야간 자율학습시간에 한 과목 끝내기

전 과목 1회독하기

전습법으로 한 과목을 끝내면 '과목 1회독'이라 하고, 전 과목을 끝내면 '전 과목 1회독'이라고 한다. 물론 한 과목이 끝날 때마다 전습법 계획표에도 선을 한 개씩 긋는다. 선긋기도 그때그때 해야지 그렇지 않다면 잊거나 헛갈릴 수 있다.

전습법을 실행할 때 최소한의 시간 확보는 꼭 필수다. 또 최소 2시간 이상 확보해야 하는데, 적어도 한 자리에서 한 단원은 끝내야 하기 때문이다. 2시간이 채 안 되는 시간에는 분습법으로 공부해야 한다. 그렇다면 공부할 수 있는 시간은 정해졌다. 야간 자율학습 3시간(쉬는 시간없이 공부해야 한다)과 집에서 2시간 등 하루 5시간이 전습법으로 공부해야 하는 시간이다. 밤을 새든 해서 무슨 일이 있어도 매일 5시간은 꼭 공부해야 한다. 이 시간에 공부하려고 준비하거나 책상에 앉아있는 시간이 포함된 게 아니라 집중해서 공부해야 하는 데 필요한 순수 시간이다. 공부하다가 중간에 화장실을 가거나 친구와 잡담하거나 딴 생각을 했다면 처음부터 그 단원을 다시 공부해야 하므로 그동안의 노력이 수포로 돌아간다.

보통 한 과목당 300쪽이라고 했을 때 한 시간에 10쪽씩 공부하면 대략 한 권을 모두 끝내는 데 총 30시간 정도가 소요된다. 6일 꼬박 공부하고 하루를 쉬면 꼭 일주일만에 책 한 권이 끝나는 셈이다. 이런 식으로 여섯 과목을 모두 공부한다면, 전 과목 1회독하는 데 꼬박 6주가 소요된다. 하지만 마음이 다급하거나 자신의 의지가 강하다고 생각하면 하루에 7~8시간씩 확보하여 3~4일 만에 한 과목을 끝낼 수도 있다. 1회독 기간은 짧을수록 좋다. 기간이 짧을수록 그만큼 다음 회독의 반복 주기도 빨라지며, 망각률도 적어져 다시 공부했을 때 더 큰 효과를 볼 수 있기 때문이다.

'내가 과연 할 수 있을까?' 하고 겁부터 내는 학생들도 있을 것이다. 이렇게 지레 겁부터 먹으면 전습법을 실행하여 효과를 볼 수 없다. 줄곧 놀기만 한 학생들에게 이런 체계적인 학습법은 어렵게 보일 것이다. 여유를 가지고 하는 공부도 쉽지 않은데, 이처럼 짧은 시간 내 공부하는 방법이 쉬울 리가 있겠는가? 하지만 처음 시작이 어렵지 막상 해보면 생각만큼 어렵지 않다는 것을 곧 알게 될 것이다. 이 학습법을 실행한 학생들도 내가 6개월만 같이 고생하자고 설득하기는 했지만 그렇게 의지가 대단한 아이들이 아니었다. 하지만 직접 실행해 본 후에는 이구동성으로 생각했던 만큼 어렵지 않았다고들 했다.

이처럼 대나무학습법에서 제일 힘든 부분이 바로 전 과목 1회독이다. 전 과목 1회독을 달성하려면 첫째, 새로운 학습법이므로 굳은 결심이 필요하다. 둘째, 한두 과목을 끝낸 뒤 스스로 만족하여 다음 과목을 공부하지 않고 '막연히 해야 하는데……' 하면서 시간을 보내지 않도록 주의한다. 셋째, 중간고사, 기말고사 같은 정기고사와 모의고사 때문에 중간에 중단하지 않도록 기간조정을 해야 한다.

이를 위해서는 의지도 물론 중요하지만 처음 전습법을 실행하는 시기도 신중하게 고려해야 한다.

전습법은 정독으로 하라

처음 기본서를 읽을 때 정독과 속독 중 어떤 방법을 선택해야 할까? 보통 속독으로 전체적인 윤곽을 잡은 뒤 정독하는 방법을 많이 이용한다. 그러나 전습법은 처음부터 정독하기를 권한다.

그것은 첫째, 속독으로 책을 모두 끝낸 뒤 그 다음에 정독을 하려고 하면 처음에 한 속독의 빠르기 때문에 진도에 부담을 느끼게 되고, 자꾸만 빨리 읽어 책을 끝내려고 하기 때문이다.

둘째, 전체적인 맥락을 알려고 속독을 하는데 고등학생 대부분은 이미 교과목의 전체적인 맥락을 잘 안다.

셋째, 처음부터 꼼꼼하게 읽고 암기해야 빠뜨리지 않고 공부할 수 있다. 한번 놓친 어휘는 여러 번 반복해도 계속 눈에 들어오지 않는다. 전체적인 윤곽을 먼저 잡고 싶으면 차라리 속독을 하지 말고 책의 차례를 주의 깊게 살펴보자. 전체적인 흐름을 이해하기 위해 차례를 외우라는 사람도 있지만 단락으로 된 차례를 먼저 외우는 것은 당장은 시간 낭비일 수 있다.

정독은 일반적으로 1시간에 10쪽 정도의 분량으로 한다. 그러나 이해되지 않은 개념까지 굳이 시간의 구애를 받아서는 안 된다. 말이 정독이지 실제로는 외워야 한다. 개념 하나를 명확하게 이해하기 위해서는 필요하다면 수십 번씩 읽고 암기해야 한다. 나중에 다시 해야지 하며 대충 넘어가서는 절대 안 된다. 이해하지 않은 채 암기한 내용은 외워지지 않기에 의미가 없다. 계획한 진도대로 쭉쭉 나가는 것만이 옳은 일은 아니다. 조금 늦어지더라도 완벽하게 개념을 이해하고 넘어가야 이후 학습 속도도 빨라진다. 정리되지 않은 지식은 오히려 다른 지식까지도 헷갈리게 만들 수 있다는 점을 명심해라.

밑줄 긋는 습관을 버리자

책을 읽을 때 중요 부분에 밑줄을 긋는 습관을 가진 사람이 있다. 1~2회독을 할 때는 무엇이 더 중요한지 모를 때가 많은데, 습관석으로 밑줄을 긋다 보면 별로 중요하지 않은 부분까지 밑줄을 그을 수 있다. 그렇게 되면 다시 읽을 때 정작 중요한 부분이 오히려 눈에 띄지 않게 된다. 1~2회독을 할 때는 될 수 있으면 밑줄을 긋지 않는 것이 좋으나 습관 때문에 어쩔 수 없다면 같은 교재를 한두 권 더 구입한다(살 때 한꺼번에 사야지 시간이 지나면 절판되는 책도 있다).

빨리빨리 공부해서 진도를 맞춰 나가는 것을 좋아하는 사람이 있는가 하면, 시간이 걸리더라도 완벽하게 이해하고 넘어가는 것을 좋아하는 사람도 있다. 빨리빨리 공부하는 학생은 회독 수를 더 많이 늘려야 하고, 빠르게 하는 회독과 깊이 있게 외우는 회독이 교차 배열되어야 한다. 하지만 가능하면 최대한 깊이 있게 회독하려고 노력한다. 어설프게 공부하면 시험볼 때 오히려 혼란을 야기한다. 회독 수를 늘리면 나아지겠지만 회독 수만 너무 믿지 마라. 깊이 있는 공부는 3회독으로도 5회독의 성과를 낼 수 있다.

공부하는 습관에 따라 밤에 공부가 더 잘되는 학생도 있고, 드물지만 새벽에 공부가 더 잘되는 학생도 있다. 이것은 습관의 문제지 어떤 게 더 옳은 방법이라고 할 수 없다.

개념을 완벽하게 이해하지 않고 외운 내용은 뒤돌아서면 잊어버리기 쉽다. 그럼 어떻게 하면 효율적으로 개념을 이해하고, 암기하는 시간을 줄일 수 있을까?

개념은 무식하게 외워라

많은 사람이 '기억 촉진법'을 이야기한다. 녹음해서 듣기, 다른 사람한테 가르쳐 주기, 중요내용을 시작과 끝에 하기, 유사점과 차이점 찾기, 앞글자 따오기, 말이 되게 만들기, 노래 가사로 만들기 등 많은 방법이 있다. 예를 들어, 뱀장어를 뜻하는 *eel* 단어를 '뱀장어를 먹으면 일이 잘 된다'는 식으로 외운다거나 시험 직전에는 시간이 부족하므로 시험 범위의 맨 끝부터 거꾸로 공부한다거나 사회, 지리에서 열거된 사항을 순서대로 기억하기 위해 이마-눈-귀-코-입-턱-목-가슴-배꼽-발 등 신체와 연관시켜 외운다거나 자주 다니는 길에 있는 가게들과 연관시켜 외운다. 또 도스토예프스키를 '토스트'를 먹은 '예쁜' 여자애가 '스키'를 타러 갔다 등 기발하게 연상시켜 외우는 방법이다.

이 중에서 대부분은 단기간의 시험에나 응용할 수 있는 방법이다. 수능시험은 단기간 진행되는 시험이 아니다. 따라서 이 방법 중 대부분은 전습법에는 적용할 수 없다.

이 같은 기억 촉진법은 중간고사나 기말고사 등 단시간 내에 준비하고 보는 내신시험에는 나름대로 유용하다. 그러나 수능은 시험일까지 기간이 길고 분량도 많아 그만큼 잊어버릴 수 있는 시간도 길다는 점을 알아야 한다.

앞 글자를 따서 외우는 방법은 될 수 있으면 활용하지 않는다. 만약 꼭 필요하다면 가능한 개수를 최소화하고 지속적으로 반복하도록 한다. '태정태세문단세……'나 '수금지화목토천해명', '빨주노초파남보'처럼 수년간 지속적으로 반복된 사례는 효과가 있다.

연상법의 늪에 빠지지 마라

기발한 연상으로 외우는 방법도 마찬가지다. 암기할 당시에는 완벽하게 외운 것 같지만 금방 잊어버리며, 연상하여 만든 단어가 많으면 많을수록 더 혼란만 느끼게 된다. 필자도 시험볼 때 벼락치기로 이 방법을 사용한 적이 있다. 그런데 막상 시험을 볼 때에는 압축한 말 자체를 잊어버려서 시험 시간 내내 그것만 생각하다 정작 문제는 풀지 못했던 기억이 있다. 기억 촉진법을 소개한 많은 책이 이 방법을 권하지만 실제로 적용해 보면 별 도움은 못된다. 이것은 단순한 임기응변에 불과하므로 오랜 시간 머릿속에 남지 않는 것이다.

물론 이 학습법을 주장하는 사람들이 반론을 제기할 수도 있다. 하지만 장기적인 측면에서 이 방법은 실력 향상에는 도움이 되지 않는다. 연상법은 해당 개념과 관련된 상황을 만들어 머릿속에서 연상하도록 만드는 것이다. 이 방법을 활용하려면 먼저 연상법을 배워야 하므로 결과적으로 공부해야 할 종류만 늘어날 뿐이다. 대나무학습법은 외우려 하지 않아도 개념이 외워지는 학습법이 아니다. 단순하게 책 한 권을 처음부터 끝까지 공부하는 것이니 어찌보면 좀 무식한 학습법이라고 할 수도 있겠다. 하지만 때로는 가장 무식한 방법이 가장 효과적일 수도 있다. 개념은 그냥 무식하게 외워라.

중얼거리며 써서 외우든지 중요한 것을 처음과 마지막에 공부하는 심리적인 방법을 적용하든지 자신에게 맞는 방법을 적절하게 활용하면 된다. 굳이 이것을 알려고 별도로 노력할 필요는 없다.

기억 재료에 감동을 받는 방법은 가정 적은 반복으로도 머릿속에 확실하게 기억을 각인시킨다. '와! 이렇게 되었구나', '정말 놀랍다' 하고 감동을 받으며 공부할 수 있다면 굳이 여러 번 반복할 필요가 없다. 방대한 세월의 자료가 압축된 교과서의 문장은 아무래도 추상적인 표현이 많다. 그래서 딱히 감동할 만한 재료가 많지 않으므로 믿을 수 있는 것은 오로지 반복뿐이다.

그렇다고 수학 공식이나 영어 단어를 무조건 반복해서 외우라는 것은 아니다. 초등학생의 구구단처럼 통째로 하는 암기는 중학교 이상에서는 효과가 없다. 모든 기억의 바탕에는 이해가 있다. 이해는 하지 않고 무조건 반복하여 암기하는 것은 천재가 아닌 이상 모두 잊혀져서 결국 시간 낭비인 셈이다. 이해를 하고나서 내용을 다시 자신이 알고 있는 지식에 맞추어 정리하고 분류하는 것은 기억술의 한 방법이다. 또 우리 머리는 파편처럼 단순하게 들어가는 지식은 기억하지 않는다. 학습 내용을 가능하면 스토리로 만들어서 전체를 외우는 것이 어렵지만 머리가 기억하는 방식이라는 것을 이해하여야 한다. 이런 방법들을 적절하게 사용하면 좋다.

강의하듯 중얼거리면 암기 효과가 두 배로 늘어난다

대나무학습법을 실행하는 데 있어 이해를 높이고 암기를 향상 시키는 방법을 몇 가지 소개한다.

첫째, 기본서의 내용을 자신만의 언어로 정리한다

어려운 개념, 복잡한 내용은 쉬운 말로 바꾸어 자신만의 것으로 소화해야 한다. 암기한 단어가 어려운 용어라면 초등학생도 이해할 수 있을 정도로 풀어서 설명해 보자. 교과서도 그렇지만 기본서의 내용도 추상적인 표현이 많다. 이 같은 추상적인 표현은 우리 실생활과 동떨어져 있으므로 일단 이해했다 하더라도 좀처럼 머릿속에 오래 남지 않는다. 이 표현들을 실생활에서 흔히 사용하는 적절한 말로 바꾸는 과정에서 다소 설명이 길어질 수 있다. 하지만 이렇게 쉬운 말로 바꾼 개념이나 내용은 더 이해가 빠르고 쉽게 암기되어 머릿속에 오래 남는다.

학교 시험을 앞두고 누구나 쉽게 따라 할 수 있는 학습법은 시험에 출제될 예상 내용을 반복적으로 학습하는 것이다. 이때 헷갈리는 핵심 내용을 기억하기 쉽게 만들어 반복 학습하면 그 효과는 더 높아진다.

둘째, 암기한 뒤에는 책에서 눈을 떼고 머리를 들거나 눈을 감아 암기한 내용을 확인한다

죽순 만들기 단계에서는 기본서의 내용을 외우는데 시간의 50%, 외워졌는지 확인하는 데 나머지 시간 50%를 사용해야 한다. 단순히 이해했으니 암기되었겠지 하고 다음 내용으로 넘어가서는 안 된다. 암기가 되었는지를 확인도 안해보고 어떻게 알겠는가? 다음 회독으로 넘어갈 때도 꼭 확실하게 암기가 되었는지 확인하고, 그 비율은 70~80% 정도가 적당하다.

마지막 정리 단계에서는 차례만 보고도, 또는 보지 않고도 해당 과목의 내용을 전부 머릿속에 떠올릴 수 있어야 한다. 기억력은 타고나는 게 아니라 지속적인 노력으로 향상된다.

셋째, 암기할 때는 누군가에게 설명한다고 생각하면서 외워라

친구나 다른 사람에게 설명해 주는 것은 혼자서 2~3번 반복하는 학습 효과를 얻을 수 있다. 직접 설명할 수 있으면 좋겠으나 이것은 결국 시간을 낭비하게 되어 얻는 것보다 잃는 것이 더 많다. 완벽하게 죽순을 만들기 전까지는 다른 사람을 만나지 마라. 혼자 공부하면서 '이것은 꼭 시험에 나오니 잘 들어……' 하며 친구에게 말하듯이, 또는 출제자나 선생님이 강의하듯이 중얼거리면서 한다. 특히 도표나 그림을 말로 설명하면 평면적인 학습법에 벗어나 머릿속에 영상도 함께 남는다. 같은 내용도 다른 형식으로 반복하면 더 효과적일 수 있다. 하지만 회독수에 따라 방법과 깊이를 다르게 적용해야 한다.

1회독이나 2회독을 끝냈다고 해서 당장 모의고사 성적이 올라가지는 않는다. 3, 4회독으로 회독 수를 늘려 가면 처음에는 보이지 않던 부분도 조금씩 눈에 띄고 정독하는 속도가 빨라진다. 하지만 진도에 급급해 문제의 핵심을 벗어나선 안 된다. 축적된 학습량은 곧바로 학습의 질과 직결된다는 믿음을 가지고 너무 조급해 하지 마라.

다시 말하지만 머릿속에 오랫동안 기억하는 방법은 스토리를 활용한 반복밖에 없다. 같은 내용을 여러 번 기억하고 잊고, 기억하고 잊는 과정을 반복하면서 머릿속에 오랫동안 저장되는 것이다.

하루 5시간을 확보하라 2

하루 어느 정도 시간을 투자해야 1회독을 끝낼 수 있는지 따로 정해져 있지는 않다. 그러므로 자신의 현재 상태와 수준을 무시하고 여기서 소개하는 전법을 맹목적으로 따라하는 것은 좋지 않다. 자신의 수준에 맞춰 하루에 공부할 수 있는 시간을 최대한 확보하고 꼼꼼하게 공부하여 회독 수를 늘려가야 한다.

수능은 예닐곱 과목을 3년 동안 공부해서 보는 시험이다. 최소한 10번 정도 반복한다고 했을 때 각 회독별로 얼마만큼의 시간을 투자해야 하는지 밑그림이 필요하다. 다음에서 소개한 전법들은 평범한 보통 학생들을 기준으로 작성한 것으로 누구에게나 적합하다.

1일 5시간 확보: 6-4-2-1 전법

이것은 학교 수업을 받으면서 전습법을 실행할 때 쓰는 전법이다. 하지만 이 기간도 가능하면 최대한 줄이는 게 좋다.

학기 중 전 과목 끝내기

전 과목 1회독 − 6주

전 과목 2회독 − 4주

전 과목 3회독 − 2주

전 과목 4회독 − 1주

단권화 작업 − 2주

1일 10시간 확보: 3-2-1 전법

이 전법은 방학 때 실행하면 좋은 방법이다. 의지가 강하다면 훨씬 더 많은 14~15시간 정도 확보할 수도 있을 것이다.

방학 중 전 과목 끝내기

전 과목 1회독 − 3주

전 과목 2회독 − 2주

전 과목 3회독 − 1주

전 과목 4회독 − 1주

단권화 작업 − 2주

영어는 직독직해로 정복하라 3

회화는 분습법으로 해결하라

영어는 언어이므로 분습법이 알맞다. 그러나 독해만큼은 전습법으로 공부한다. 영어가 중요하다고 영어만 잇따라 반복해선 안 된다. 영어만 계속 반복한다면 효과를 얻을 수 있겠지만 과목이 영어만 있는 게 아니다. 너무 한 과목에만 매진하다 보면 그만큼 다른 과목의 반복 주기가 길어진다. 그렇다고 매일 영어 지문을 세네 개씩 풀다 보면, 분습법으로 수학을 공부할 시간이 상대적으로 줄어든다. 영어 역시 다른 과목처럼 순서를 지켜 공부해야 한다.

많은 학생이 독해가 되지 않는 이유는 암기한 단어가 부족하고 문법을 잘 모르기 때문이라고 생각한다. 그래서 무조건 영어 단어를 외우거나, 사전을 독파하거나, 모르는 단어가 나올 때마다 사전을 찾아보고 단어장에 정리한다. 기본 단어도 모르는 학생이 영영사전을 본다. 또 하루에 몇 개씩 단어를 암기시켜 시험을 보는 선생님도 있다. 책상에 앉아 연습장이 까맣게 될 때까지 단어를 계속해서 써가며 외우기도 한다.

공부를 잘하는 학생들도 단어책 한 권을 끝내기 위해 매번 시도하지만 끝까지 하지 못한다. 단어만 외우면 금방 잊어버리니 예문과 함께 외우면 좋다고 말하기도 한다. 최소 스무 번은 넘게 외워야 비로소 한 단어가 머릿속에 남는다. 그렇게 한다고 해당 단어에 내포된 모든 뜻이 외워지는 것도 아니다. 실제 시험에서는 어떤 뜻이 독해 문제로 출제될지 모른다. 이처럼 외우는 속도도 느리고 설사 외웠다 해도 모든 유형의 독해 문제에서 사용하기는 정말 어렵다.

문법도 마찬가지다. 문법은 언어 습관 중에서 비슷한 현상을 한 덩어리로 묶어 놓은 것이다. 대표적인 문법책인 성문영어나 맨투맨을 숙달한다고 독해 문제가 해결되지는 않는다. 문법을 공부하여 일정한 규칙성에 익숙해질 때쯤 지금까지와는 전혀 다른 예외가 쏟아져 나와 무엇이 중요한지 혼란만 야기시킨다.

독해는 전습법으로 책 한 권에 올인하라

문법이나 단어를 외우다 시간 다 보내고, 결국 독해를 잘하게 되었다고 해도 너무 많은 시간이 흘렀다. 몇 가지 원칙과 순서만 알면 당장은 높은 점수가 나오지 않아도 영어독해만큼은 단기간에 어렵지 않게 달성할 수 있다. 흔히 영어나 수학 중 하나를 전략 과목으로 선택해야 고득점을 얻을 수 있다고 하는데, 필자는 전략과목으로 수학을 추천한다. 영어의 독해만큼은 방법만 정확하게 실행한다면 비교적 쉽기 때문이며, 영어가 수능의 변수가 되기에는 쉽게 출제하기 때문이다. 또한 영어는 수능에서 절대평가로 바뀌기 때문이다. 영어 공부를 잘할 수 있는 원칙은 다음과 같다.

첫째, 직독직해로 전습법을 한다.
둘째, 단어 따로, 문법 따로, 독해 따로, 문제 유형 따로 공부하지 않는다.

선생님이나 부모님 등 기성세대들은 무조건 '교과서를 외우라'고 한다. 이것은 중학생에게는 매우 좋은 방법이다. 교과서도 좋은 교재지만 수능 유형에는 맞지 않다. 교과서를 공부한 뒤 다시 수능 문제집을 공부해야 하므로 효율적이지 못하다. 그래서 교재는 *EBS* 교재 등 수능 유형과 비슷한 난이도의 문제를 다양하게 수록한 것으로 준비한다.

자신의 실력이 떨어진다고 수준 낮은 문제집을 준비하면 안 된다. 수능 난이도와 비슷한 수준의 문제집이 어려울 수도 있으나, 단권으로 끝낼 수 있어 시간도 절약되고 독해에서 요구하는 요소들을 한꺼번에 해결할 수 있어 유리하다.

수능 유형을 보면 문법성 판단, 어휘나 단문 이해, 지칭추론, 함축된 의미 추론, 요지 추론, 빈칸 추론, 심정이나 분위기, 주제 추론, 제목 추론, 글의 종류와 목적, 내용 일치, 담화 구조, 실용문, 도표 이해, 속담 이해, 문단 요약, 전후관계 추론 등의 문제가 출제된다.

독해 문제를 풀 때도 선택지를 먼저 살펴보는 습관을 들여 지문의 길이가 길지 않으면 제일 처음이나 마지막 문장에서 필자의 주장을 찾는 연습과 병행한다. 주장하는 글을 처음에 내세우고 그 뒤에 논거나 예시를 드는 것이 문장을 전개하는 가장 무난한 방법이기 때문이다. 이 중에서 심정이나 분위기, 태도 등을 묻는 문제는 어휘력이 뒷받침되어야 한다. 5회독 이후에는 심정이나 분위기, 태도 등을 묻는 문제 정도는 단어 정리를 해둔다.

교재는 대부분 300쪽 분량이나 뒷부분의 독해 해설을 제외하면 대략 200쪽 내외다. 만약 영어 실력이 많이 부족하다면 200쪽도 많은 분량이다. 교재의 100쪽만 남기고 나머지는 뜯어서 버려도 된다. 이 100쪽만으로도 여러분의 영어 실력은 충분히 향상될 수 있다.

영어 직독직해 방법은 대부분 잘 알기에 여기서는 간단하게만 언급하겠다. 직독직해는 한마디로 문장을 계속 읽으며 뒤로 가지 않고 앞부분부터 해석하는 방법이다. 영어의 문형은 다섯 가지로 1, 2형식은 쉽게 구분할 수 있다. 나머지 형식도 마찬가지로 기본 구조는 주어, 동사, 목적어의 형태다. 그래서 '주어는 / 동사하였다 / 목적어를 / 그런데 목적어는―'의 형태를 벗어나지 않는다. 가끔 동사가 문장 처음에 나오기도 하는데, 주로 의문문, 명령문, 기원문에서만 볼 수 있다.

처음에는 주어를 찾기 힘들지도 모른다. 주어가 한 단어일 때는 찾기 쉽지만 복잡한 절이나 구로 수식된 구조면 찾기 어렵다. 대개 주어절에서는 마지막 동사가 진짜 동사일 때가 많다. 문장 안에서 주어, 동사를 찾는 연습을 많이 해야 하고 이것만 잘 된다면 50%는 끝난다.

반드시 직역을 하라

모든 회독 수에서 가급적이면 직독직해로 끊어 읽는 범위를 최대한 넓힌다. 직독직해 방법이기도 해서 중복될 수도 있지만 너무도 중요해서 한 가지만 집고 넘어간다.

직역을 해야지 절대 의역을 해서는 안 된다. 의역을 하면 해석의 문장이 매끄럽기에 마치 실력이 높아지는 듯한 착각을 불러일으킬 수도 있어서 특히 조심해야 한다. 비록 해석이 매끄럽지 못하더라도 직역을 해야 단어가 가지는 본래의 의미를 파악할 수 있다. 의역을 하면 단어가 가지는 파생의 의미까지 외우려 하기 때문에 공부의 양이 어마어마하게 늘어나게 되어 효율성이 떨어진다.

처음 1, 2회독에서 직독직해할 때 문법책까지 보면서 공부하면 시간이 너무 오래 걸린다. 회독 수가 많아져 정독하는 속도가 빨라지면 관계사, 가정법 등 모르는 문법만 따로 문법책으로 공부하면 된다. 이때도 문법책 한 단원을 통째로 공부하지 않는다. 오로지 모르는 부분만, 그리고 문제에 나온 문법만 확실하게 공부한다. 수없이 반복하여 문장들을 외울 정도가 되기 전까지는 다른 책을 봐서는 안 된다.

문장을 통째로 외우면 해당 문장에서 나온 단어가 문장과 분리되어 암기되지 않으므로 쉽게 기억할 수 있다. 또한 문장 속에서 자연스럽게 문법을 배울 수 있어 일부러 의식하지 않아도 잘못된 문형이 쉽게 눈에 띈다. 그런데 영어가 너무 바닥이라서 이 방법을 전혀 못하겠다면 최소한의 쉬운 문법을 가르치는 인터넷 강의를 추천한다. 혼자서 먼저 문법책을 독파하겠다는 무모함을 저질러서는 안 된다.

혹시 '내가 공부한 100쪽에서 다루지 않은 문제가 나오지 않을까' 하고 걱정할 필요는 없다. 여기서 나온 문법과 단어를 완벽하게 숙달하면 어떤 유형의 문제가 나오든지 쉽게 응용하여 풀 수 있을 것이다. 처음부터 완벽하게 하려고 하지 말고, 회독별로 수준을 달리 하여 학습에 변화를 주는 것도 좋은 방법이다.

1회독할 때

1회독할 때는 지문 하나를 해석하는데도 모르는 단어가 너무 많아 일일이 사전에서 찾아봐야 할 것이다. 그렇다고 사전에서 찾은 단어를 따로 정리할 필요는 없다. 모르는 단어는 해당 단어 아래에 뜻을 적어준다. 이렇게 하려면 처음에 교재를 준비할 때 같은 교재를 두세 권 정도 따로 더 준비해 두어야 한다. 다음 회독 시 어떤 단어의 뜻도 쓰지 않은 새 책으로 공부해야 학습 효과를 높일 수 있다. 무엇보다 주어/동사/목적어 순으로 된 문장 구조가 익숙해질 때까지 반복하는 게 중요하다.

2회독할 때

2회독할 때는 동사구에 특히 주목한다. 한 단어로 된 동사도 있지만 여러 단어가 모여 하나의 동사 의미를 갖기도 한다. 특히 여러 단어가 모여 하나의 동사 의미를 갖는 동사구는 마치 하나의 단어인 양 해석이 될 때까지 노력해야 한다. 이것이 직독직해의 속도를 좌우한다. 또한 이 단계에서도 단어 정리는 따로 필요 없다.

3회독할 때

3회독할 때 여전히 모르는 단어가 있다면, 이때는 찾은 단어를 단어장에 정리한다. 이것도 회독 수가 늘어나면 자연스럽게 해결되기 때문에 꼭 할 필요는 없다. 단어를 정리할 때는 모르는 단어가 명사든 부사든 상관없이 근처에 있는 동사를 먼저 찾는다. 해당 동사의 뜻이 많다면 그 동사의 주된 뜻만 적어 준다. 앞면에는 해당 단어와 거기서 파생된 명사, 형용사, 부사, 그 밖의 파생어 등을 적고, 뒷면에는 동사의 뜻을 적는다. 절대로 단어와 그 뜻이 한눈에 보이도록 적으면 안 된다. 이렇게 하면 동사의 뜻에 따라 변형된 명사, 부사 등의 뜻과 어미 변화의 공통점을 알 수 있다.

또 기본서를 공부하면서 찾은 단어와 학교 수업에서 공부하다 찾은 단어를 섞어서 정리하지 않도록 주의한다. 각각의 단어장을 따로 만들어 관리하는 게 좋다. 단어를 외우기 위해 수학이나 영어회화를 공부하는 시간을 빼 쓰면 안 된다. 영영사전은 가급적 미국에서 출간된 사전을 사용하자. 그러나 알고 있는 단어 수가 많지 않다면 오히려 영영사전이 학습에 방해가 될 수 있다. 이때는 그냥 한영사전을 이용한다.

4회독할 때

4회독할 때는 아예 문법책을 옆에 꺼내놓고 공부한다. 한 지문에서 모르는 문법 한 가지씩만 찾아본다. 만약 모르는 부분이 가정법이라고 했을 때 가정법 전체를 공부하려고 하지 말고 가정법이나 과거완료 등 모르는 부분만 찾아서 문제를 해결한다. 생각만큼 진도가 쭉쭉 나가지 않으면 쉽게 지친다. 문법 중에서 꼭 알아야 할 부분은 시제, 부정사, 분사, 수동태, 관계사, 가정법 등이다. 한 지문에서 문법 한 개씩만 해결해도 절대 문법 때문에 고생하는 일을 없을 것이다.

4회독쯤 했으면 적어도 기본서에 나온 단어의 뜻은 모두 안다. 문장 속에서 자연스럽게 암기한 단어는 반복 횟수에 상관없이 빨리 외워진다. 이때 5회독하기 전에 해야 할 일이 있는데, 그것은 시중에 어원이 나온 단어집을 따로 구입하는 것이다.

수능 외국어 영역에서 출제된 단어의 빈출도를 조사한 통계조사 업체인 다마시스는 "수능 외국어 영역에서는 1회당 평균 단어 806개를 사용하는데, 이 중 10%에 해당하는 단어 80개는 기존 교과서에 나오지 않는다."고 지적했다. 따로 구입한 단어집으로 접두어, 접미어, 어원 등을 1주일 정도 공부한다. 단어집은 기본 단어가 정리되지 않은 상태에서는 효과를 보기 어렵다.

원래 기본 단어는 지문마다 반복해서 나오므로 기본서에서 암기한다. 단어집을 공부할 때도 거기에 나온 예문을 외우지 말고 핵심만 잡아서 아는 단어와 접목시킨다. 기억은 독립적으로 하나씩 외우기는 어렵지만 핵심 단어만 알면 양이 많아도 얼마든지 기억할 수 있다. 어원,

반대말, 비슷한 말, 명사형, 형용사형, 부사형 등 해당 단어와 관련된 사항을 모두 외우는 것이 오히려 더 정확하게 기억된다. 그렇다고 이것에 많은 시간을 할애해서는 안 된다. 기본적인 것만 공부하고 어간과 어원은 다시 기본서를 공부할 때나 다른 책에서 확인하는 정도로만 해도 어휘는 많이 늘어날 것이다.

5회독할 때

5회독할 때는 일일이 손으로 써가며 특히 동사에 유의하면서 공부한다. 문장의 구조를 파악하는 능력이 길러지며, 애매하게 넘긴 부분도 다시 한 번 짚어볼 수 있다. 그리고 좀 더 문법과 단어의 어원 등을 생각하면서 자세히 공부한다.

이 정도 정독하면 독해 기본은 모두 끝났다. 어떤 지문을 보더라도 직독직해하는 데 어려움이 없을 것이다. 다만 모르는 단어는 있을 수 있다. 직접 대나무학습법을 체험한 학생 네 명도 처음에 영어를 어려워했으나, 3, 4회독한 뒤에는 직독직해 때문에 영어가 어렵다는 말은 하지 않았다.

이제 다른 문제집을 봐도 된다. 다른 문제집을 봐도 단어가 크게 부족하다는 느낌은 없을 것이다. 그렇다고 기본서의 회독 수를 계속 늘리지 않고 다른 문제집만 본다면 기껏 쌓은 탑이 무너질지도 모른다.

영어 모의고사 20점 장호, 상위권에 들어가다 4

장호라는 아이를 가르친 적이 있는데, 처음 영어 평가를 했을 때 문제점이 한두 가지가 아니었다. 장호는 자신이 영어를 못하는 것은 단어를 몰라서라고 했다. 그러나 모르는 단어가 많다는 문제 말고도 문장 안에서 어떤 게 주어인지 모르는 등 문법도 형편 없었다. 모의고사 평균 점수가 20점대였다.

제일 먼저 필요한 일이 바로 기본서를 한 권 정하는 것이었다. 장호에게 서점에 가서 수능시험의 출제 경향과 난이도가 비슷한 문제집 중에서, 보기에 좋고 편하게 편집된 문제집을 두 권 사오라고 했다. 그러면서 장호에게 이렇게 말했다. "지금부터 이 교재의 내용을 모두 외울 정도로 공부해야 돼. 그렇게 열심히 공부하면 네 영어 실력을 엄청 향상시킬 수 있을 거야."

자신에게 맞는 기본서를 정했으면 이제 문장을 직독직해하는 데 익숙해져야 한다. 문장을 독해할 때 제일 먼저 주어와 동사 순으로 단어를 찾은 뒤 나머지 단어는 모두 목적어로 취급한다. '주어는 / 동사하였다 / 목적어를 / 그런데 그 목적어는~' 공식을 항상 머릿속에 담아야 한다. 한 문장 안에서 주어와 동사를 찾는 게 뭐 그리 어렵겠냐고 할지도 모르나, 이 기본적인 단어조차 의외로 찾기 어려울 때가 많다. 문장 안에서 주어와 동사만 잘 찾아도 이미 독해의 반은 성공한 것이다.

독해를 하다 모르는 단어가 나와도 사전을 찾지 말고 직독직해 과정을 계속한다. 직독직해 과정에서 자연스럽게 모르는 단어의 뜻을 유추할 수 있게 된다. 한 문장을 직독직해하는 작업이 끝나면 그때서야 모르는 단어는 사전에서 찾아보고, 뜻을 이해했으면 다시 그 문장을 반복하여 직독직해한다.

첫 번째 직독직해

처음 직독직해 단계에서는 시제나 단복수, 가정법, 부정사, 동명사 등 문법적 요소를 고려하지 않은 채 문장을 매끄럽게 해석하려는 노력은 기울이지 않았다. 오히려 의역을 막음으로 해서 마치 안다고 착각했던 쉬운 단어의 뜻을 알게 했다. 물론 사전에서 찾은 단어를 정리한 단어장도 만들지 않았다.

기본서는 말이 100쪽이지 예제 지문은 기껏 130여 개 밖에 되지 않는다. 이 130개 지문 내에 웬만한 단어나 문법 요소가 전부 들어 있다. 장호에게 같은 방법으로 예·복습을 하라고 했지만 영어에는 도통 흥미와 의욕이 없어서인지 제대로 따라 하지 않았다. 결국 일주일에 영어는 두 번밖에 못해 교재 한 권을 끝내는 데 약 3개월 정도 걸렸다.

두 번째 직독직해

직독직해를 두 번째 할 때는 약간의 문법도 같이 공부하였다. 특히 관계사 정도는 알아야 긴 문장에서 제대로 직독직해를 할 수 있다. 그리고 문법책에는 없지만 동사 여러 개가 마치 동사 하나처럼 작동하는 표현들을 집중해서 공부하였다. 또 모르는 단어가 나오면 어려운 단어보다 문장에서 자주 사용하나 뜻을 명확하게 알지 못하는 단어를 찾는 데 더 주력하였다. 이렇게 해서 기본서를 2회독 하는데 약 7주 정도 걸렸다.

세 번째 직독직해

직독직해를 세 번째 할 때는 모르는 단어를 사전에서 찾아 단어장에 정리하도록 했다. 이때, 동사를 먼저 찾게 했다. 단어장에는 동사의 뜻만 적고, 해당 단어의 형용사, 명사, 부사 등은 단어만 적게 했다. 단어장은 주로 등하교 시간을 이용하여 암기하도록 했으며, 단어만 적은 형용사, 명사, 부사의 뜻은 동사의 뜻에서 유추하게 했다. 기본서에서 모르는 문법만 따로 문법책에서 같이 찾아보았다. 문법책도 보고 단어장까지 정리하며 천천히 공부했지만 약 5주 정도 걸렸다.

네 번째 직독직해

네 번째로 직독직해를 하기 전에 단어집을 일주일 동안 한번 쭉 훑었다. 단어집은 접두어와 접미어, 어근을 위주로 정리하였으므로, 기본적인 단어를 외우기 전에는 보지 않는 게 좋다. 이후에는 단어를 볼 때 어근도 같이 생각하고 분해할 수 있도록 독려했다.

기본서를 4회독할 때는 그렇게 이야기했는데도 왠지 불안한지 다른 교재도 보고 싶어 했다. 다양한 지문을 공부하여 실전 능력이 향상되었으니 괜찮다며 불만을 제기했으나 받아들이지 않았다.

영어에 자신감이 붙었는지 학교에서 푸는 문제집도 수월하게 직독직해할 수 있고, 어려운 단어가 나와도 앞뒤 문맥을 유추하여 그 뜻을 알 수 있다고 했다. 4회독은 약 3주 정도 걸렸다.

다섯 번째 직독직해

5회독은 2주 정도 걸렸는데, 아직 잘 모르는 듯한 부분을 자꾸 반복해서 되물었기 때문에 그 정도 걸린 것이지 원래는 더 빨리 끝낼 수 있었다. 이제는 쉬는 시간에만 직독직해를 했는데도 1주일 밖에 걸리지 않았다며 자랑스럽게 이야기할 정도다. 모의고사에서도 회화를 제외하고 거의 다 맞곤 했다. 장호는 8개월 동안 총 5회독을 했다. 그렇지만 영어를 공부하려는 의지와 노력이 더 강했다면 4~5개월만에도 충분히 끝낼 수 있었다.

　모의고사 20점이었던 장호의 성적은 90점 이상 나오는 쾌거를 올렸다. 조금만 더 하면 100점도 바라볼 수 있게 되었다. 선생님 대부분은 단어의 뜻이 어쩌구 문법이 어쩌구 하며 열정적으로 가르친다. 문제는 학생들이 공부하려는 열의가 없는 게 아니라 책 한 권이 끝나면 바로 다른 책을 가르치려는 데 있다. 아직 하나도 제대로 이해하지 못했는데, 다시 다른 것을 가르치려고 하니 선생님은 선생님대로, 학생은 학생대로 고생만 하는 것이다. 여러 책으로 공부하는 방법은 기본을 갖춘 최상위권 학생들에게나 효과가 있다.

국어 실력은 독서다

수능시험을 본 수험생들을 대부분은 다음과 같이 푸념을 늘어놓는다. "지문이 너무 길어서 힘들었어요.", "문제가 너무 생소해서 고민하느라 시간이 부족했어요.", "수업시간에 배운 내용과 달라서 학교에서 배운 지식이 하나도 소용없어요.", "국어 성적에 따라 희비가 엇갈려요."

중상위권 학생들은 영어, 수학 점수가 문제지만, 최상위권 학생들은 국어가 가장 큰 문제다. 그러나 어떻게 공부해야 하는지 모르는 학생들이 의외로 많다. 시험 당일의 상태에 따라 점수가 달라지거나, 공부하든 안하든 성적이 비슷하니 대체로 평소 실력으로 치루려고 하거나 문제집만 달랑 풀고 시험을 보겠다는 학생이 많다.

진정한 국어 실력은 꾸준한 독서에서 나온다. 하지만 공부해야 할 과목이 많은 고등학생에게 마냥 책만 읽으라고 할 수도 없다. 책을 많이 읽으면 그 시간만큼 다른 과목을 공부할 시간이 줄어들기 때문이다.

교과서를 읽어라

어느 날 고등학교 2학년생인 진주가 물었다.

"선생님, 국어는 어떻게 공부해야 하나요? 정말 고등학교 3학년이 되기 전까지 되도록 책을 많이 읽어야 하나요?"

실제로 수능시험에서는 교과서의 지문이 많이 나올까? 아니면 교과서 이외의 지문이 더 많이 나올까? 당연히 교과서에 나오는 지문이 더 많이 나온다. 따라서 가장 먼저 교과서를 읽어야 한다. 교과서에 수록된 책은 이미 작품성에서 검증을 받은 것이다.

먼저 전습법으로 일주일 동안 1학년 때 배운 국어를 읽은 뒤 2학년 과목인 문학을 읽는다. 전습법 주기에 맞춰 죽순 만들기 단계까지 이것을 반복한다. 국어보다 더 시급한 과목 때문에 국어책을 읽을 시간이 없다는 학생도 있을 것이다. 하지만 죽순 만들기 단계에서 국어책을 읽지 않으면 나중에 자칫 다른 과목을 공부할 시간까지 뺏길 수도 있다. 국어책도 당연히 정독해야 한다. 그런데 수능시험에 나오는 어휘 문제는 약 10% 정도다. 이 어휘들은 별도로 공부하지 않아도 된다. 책을 읽을 때 옆에 국어사전과 옥편을 준비해 두고 모르는 어휘가 나올 때마다 찾아서 이해한다. 모르는 영어 단어는 사전에서 찾아보지만, 국어는 사전이나 옥편에서 잘 찾아보지 않게 된다. 국어에서 어휘는 글을 이해하는 데 필요한 최소 단위이기 때문이다.

그동안 문학 책에서 나온 문제보다 비문학에서 나온 문제를 더 많이 틀렸다면 그것은 글을 이해하는 능력이 부족해서다. 국어책에 나오는 작품 중 특히 비문학 작품에 주의를 기울여야 한다. 비문학은 글을 이해하는 단계로 끝나는 게 아니라 이해한 글을 요약하는 능력도 필요하다. 그러려면 우선 내용을 정확하게 이해해야 한다. 읽으면서 글의 흐름에 따라 단락을 나눈다. 그런 뒤 해당 단락의 주제를 파악하고 핵심 단어나 중심 소재가 무엇인지 파악한다. 문학은 함축적 의미를 지닌 상징어들이 나오는 반면, 비문학은 앞의 내용을 직접적으로 지칭하는 단어를 많이 사용한다.

예를 들어, 앞에서 언급된 단어나 문장을 대신 받는 이, 그, 저 같은 지시대명사가 문장에서 빈번하게 사용되므로 그것이 정확하게 무엇을 뜻하는지 알아야 내용을 파악할 수 있다. 비문학 작품은 인문과학, 사회과학, 자연과학, 문화예술, 기술, 언어 등 어느 분야에서 출제될지 모르고, 내용 또한 생소하고 어렵기 때문에 제시된 지문의 내용을 정확하게 이해하고 요약하는 능력을 길러야 한다.

교과서에서 발췌된 작품의 전문을 읽어라

교과서에 나오는 작품은 전문이 실리는 것도 있지만, 그 작품의 내용 중 일부분만 실리기도 한다. 수능 출제위원들은 교과서에 그 작품의 일부분만 실렸다고 해서 발췌한 그 부분에서만 시험을 출제하지는 않는다. 수험생이 전문을 모두 읽은 것으로 전제하고 문제를 출제한다.

보통 언어 영역이 어렵게 출제되었다는 말은 긴 지문의 문제가 많을 때 나온다. 죽순 만들기 단계에서 하는 국어책 읽기는 지식을 얻는 것 외에 수능시험에서 익숙한 지문을 접함으로써 얻는 심리적 안정감과, 내용을 알기 때문에 읽지 않고도 문제를 풀 수 있어 시간을 절약할 수 있다는 장점이 있다.

문제집을 한 권 정해서 풀어라

교과서 읽기가 끝나면 문제집을 한 권 정해서 풀어 본다. 문제집을 푸는 이유는 시험 출제 방식을 알고 부족한 부분을 찾아 어떻게 공부해야 하는지 가늠하기 위해서다.

출제 방식을 알려고 문제집을 여러 권 풀어 볼 필요는 없다. 한 권이라도 깊이 공부하면 출제 방식과 부족한 부분을 얼마든지 파악할 수 있다. 문제집은 자세한 해설서가 달린 교재를 선택하면 무난하다.

수능시험에서 점점 창의적 사고는 물론 독해력과 수준 있는 문학 작품을 감상하는 능력을 요구하는 문제가 출제되고 있으나, 아직까지 70~90%는 기존 출제 유형에 따른다. 따라서 어휘와 어법, 사실적 이해, 추론적 이해, 비판적 이해, 창의적 이해 등 기존 문제 유형을 먼저 정리할 필요가 있다. 새로운 유형의 문제도 전체적인 글의 구조와 내용을 이해하면 쉽게 풀 수 있다.

보통 국어 문제집을 풀 때는 어떤 근거에서 그것이 정답인지 깊이 생각하지 않고 다음 문제로 넘어간다. 수학 정답은 그것이 왜 맞는지 꼼꼼하게 검토하면서 왜 국어 정답은 그대로 지나치는가? 마찬가지로 국어 문제도 정답을 안 뒤에는 이것이 어떤 유형의 문제인지를 파악한다. 그리고 해당 정답의 근거를 지문 속에서 찾아 분석한다. 이렇게 파악하고 분석한 유형을 문제집 빈곳에 정리하여 적어둔다. 그리고 문제집을 전습법에 맞춰 여러 번 풀어 본다. 그래야 정답과 오답의 원리를 이해하고 오답을 유도하는 원리나 함정을 파악할 수 있다.

글쓴이의 의도를 파악하고 기준으로 삼아라

마지막으로 지문을 읽을 때는 글쓴이의 입장에서 생각하는 연습을 한다. '출제자의 의도를 파악하라'는 사람도 있는데, 이는 오답의 함정에 빠지게 할 뿐이다. 수험생들은 오로지 지문과 보기에서만 답의 근거를 찾아야 한다. 막연한 감이나 상식에 근거하여 풀거나 갖고 있는 배경 지식으로 풀면 오답을 선택할 가능성이 많다. 글을 읽고 난 뒤의 감상을 묻는 질문에서도 철저하게 자신의 생각을 배제하고 작가의 의도를 파악하려고 노력해야 한다.

그동안 많은 학생들은 기본적인 국어책 읽기는 물론 출제 빈도가 높은 작품조차 외면하고 문제만 풀었다. 너무 많은 문제 풀이는 오히려 글의 이해력을 떨어뜨리면서 시험 유형에만 익숙하게 만들 뿐이다. 수능 시험에서는 문제집과 똑같은 문제를 출제하지 않는다. 단편적인 문제 풀이에만 익숙해지면 이해력이나 함축된 내용을 파악하는 능력이 떨어져 낯선 문장을 대하면 당황부터 하게 된다.

그렇다고 문제를 많이 풀어 보는 게 나쁘다는 말은 아니다. 기본적인 글 읽기조차 하지 않으면서 문제만 많이 푸는 게 좋지 않다는 말이다. 기본적인 독서 능력을 갖추고 문제를 풀어야 지문을 이해하고 분석하는 습관이 생활화되어 다양한 문제를 풀 수 있을 것이다.

고전 작품부터 읽어라

국어에서 70~80점대 점수를 맞는 중위권 학생이라면 전 유형에서 골고루 문제를 틀릴 것이다. 실제로 모의고사를 풀 때도 시간이 빠듯하거나 조금 부족할 것이다.

점수를 올리는 것도 중요하지만 시간이 부족한 문제를 해결하려면 먼저 고전부터 푸는 게 좋다. 고전 작품부터 읽지 않으면 나중에는 마음의 여유가 없어 관동별곡 같은 긴 고전 작품은 아예 읽지도 못한다. 고전을 대충 읽으면 기본 어휘와 표현의 특징을 이해하지 못해 내용을 잘못 알게 된다. 고전 작품과 함께 옆에 해설서를 두고 공부한다. 고전을 현대어로 해석할 수 있는 정도가 되면 오히려 고전문학이 현대문학보다 더 쉽다는 것을 알게 된다.

고전 작품은 가사 ⇨ 시조 ⇨ 고려가요 ⇨ 한시 ⇨ 향가 순으로 읽는다. 주요 작품 위주로 읽고, 구입한 책을 읽을 때도 차례 순으로 보지 말고 주요 작품부터 읽는다.

제일 먼저 읽어야 할 고전문학 6대 가사

제목	지은이
사미인곡	정철
속미인곡	정철
관동별곡	정철
누항사	박인로
상춘곡	정극인
규원가	허난설헌

두 번째로 읽어야 할 고전문학 가사 4작품

제목	지은이
면앙정가	송순
성산별곡	정철
초부가	구전민요
우부가	작가미상

여유 시간이 있을 때 읽어두면 좋은 고전문학 가사

제목	지은이
황조가	유리왕
정읍사, 안민가	충담사
사모곡, 우탁의 시조, 정과정	정서
정석가, 서경별곡, 동동, 오우가, 어부사시사, 견회요	윤선도

제목	지은이
제가야산독서당	최치원
용비어천가, 절구	두보
연행가	홍순학

고전문학 중 산문 읽기

제목	지은이
만복사저포기	김시습
열여춘향슈절가흥부전, 심청전, 별주부전	작가미상
박씨전, 장끼전, 홍길동전	허균
허생전	박지원
동명일기	의유당김씨
경설. 슬견설	이규보

여기에서 언급한 책들을 구비해 놓고 문제를 풀다가 해결되지 않은 부분이 있으면 그 주에 해당 책을 읽어본다. 고전 작품을 어느 정도 읽었으며 고전 문제만 모아 놓은 문제집을 풀어본다.

단편집과 현대시를 읽어라

장편소설보다 읽는 시간이 짧은 김동인, 이효석, 이상, 김유정 같은 작가의 단편소설과 현대시를 먼저 읽어라. 모든 문학 작품은 상징성이 강하다. 시나 소설을 읽을 때는 상징적으로 사용한 어휘에 내포된 의미가 무엇인지 반드시 정리해 둔다. 문학 작품에서는 대체로 이 상징어가 내포한 의미가 무엇인지를 묻는 문제가 출제된다.

예전에 출제된 작품 위주로 읽어라

단편집과 현대시를 읽었으면 이제 기출문제, 모의고사, *EBS* 교재 등을 참조하여 예전에 출제된 작품을 읽어본다. '이미 한번 출제되었는데 다시 나올까요?' 하고 묻는 학생들이 있는데, 같은 작품이라도 다른 부분에서 문제가 출제될 가능성이 높다.

그 다음으로는 청소년 권장도서를 읽는다. 범위가 너무 넓다고 아무 작품이나 읽지 말고 각종 단체나 학회에서 추천한 청소년 권장도서를 참조해서 읽을 책을 선택한다. 시험에 나올만한 책을 모두 읽기는 힘들다. 시험에 출제되는 작품은 고등학생이라면 꼭 읽어봐야 하는 작품성 있는 것들이다. 권장도서를 읽을 때는 작가 중심으로 읽는 게 좋다.

일제시대는 이광수, 김동인의 대표작만 읽어라. 그리고 나도향, 황순원, 이태원, 염상섭, 채만식, 김동리, 김유정, 현진건의 작품들도 가급적 읽는 게 좋다. 이외에 이청준, 김승옥, 이범선, 박경리, 이문열의 작품들도 중요하다. 현대 수필이나 희곡은 상대적으로 출제 비율이 낮다.

어느 정도 작품을 읽었으면 문제집과 병행한다. 기초를 쌓은 뒤 다양한 문제를 풀어보는 것은 유형을 튼튼하는 데 필수조건이다. 문학은 수업시간에 배운 작품 위주로 정리하고, 작품 해설이 잘 되어 있는 문제집을 풀면서 주요 작품을 감상하는 방법을 이용한다. 시간이 많이 부족하면 현대문학, 고전문학은 *EBS*나 인터넷 강의를 활용하여 정리하는 것도 효율적인 방법이다.

모의고사는 문제 유형을 파악하는 데 활용한다. 그러나 모의고사를 너무 자주 풀어보는 것은 좋지 않다. 모의고사를 많이 풀면 전습법을 하는 시간이 줄어들고 부족한 부분만 자꾸 눈에 띄어 계획이 틀어질 수 있기 때문이다.

이와 같은 순서로 작품을 읽으면 국어는 완벽하게 대비할 수 있다. 교과서는 내신용으로만 사용하는 게 아니다. 문제집이 교과서의 모든 지문을 다루지는 않는다. 수험생 대부분은 문제집에 수록된 지문만 깊게 파고들면서 공부하여 정작 교과서 한번 제대로 보지 않고 시험을 볼 때가 많은데 이것은 잘못된 방법이다.

사회탐구는 연역법으로 접근하라

어떤 과목을 선택할 것인가?

사회탐구나 과학탐구 둘 중 어느 과목을 선택하느냐에 따라 수능 점수가 크게 달라질 수 있다. 잘못된 선택은 해당 과목에 쏟은 시간을 전부 쓸모없는 것으로 만들기 때문에 신중하게 선택해야 한다.

문과생은 국사, 근현대사, 윤리, 정치, 법과 사회, 한국지리, 경제지리, 세계지리, 경제, 사회문화, 세계사 중 어떤 것을 선택 과목으로 선택할지 고민한다. 좋아하는 선생님의 과목 위주로 선택할 수도 있지만 그것이 최선의 선택은 아니다.

우선 희망하는 대학교에서 필수로 지정한 과목이 무엇인지 알아본다. 그렇다고 원하는 과에 맞춰 과목을 선택할 필요는 없다.

가장 많이 암기해야 하는 과목은 국사, 근현대사, 세계사이고, 정치, 법과 사회, 한국지리, 사회문화, 윤리, 경제 과목은 상대적으로 암기 분량이 많지 않다. 암기 분량이 많지는 않지만 윤리와 경제는 학생의 수준에 따라 공부하기 쉽지 않을 수도 있다. 이 중에서 특히 어려운 과목은 근현대사와 경제다. 국사는 필수과목이라서 어쩔 수 없지만 상대적으로 결코 쉽거나 분량이 적은 과목이 아니다. 국사를 좋아하고 잘한다면 근현대사나 세계사를 선택할 수 있지만, 만약 좋아하기는 하지만 점수가 잘 나오지 않는다면 선택하지 않아야 한다.

경제는 어렵고 생소한 용어가 많이 나오고 수학적 지식이 필요하므로 수학을 좋아하지 않는다면 선택하지 마라. 철학을 좋아한다면 상관없으나 윤리도 쉬운 과목은 아니다. 철학사를 이해한다면 쉬울 수도 있다. 상식이 풍부하거나 시사에 관심이 많다면 정치나 법과 생활을 같이 선택하는 것도 좋다.

논술에 가장 도움이 되는 과목은 사회문화와 윤리다. 깊이 있는 개념을 이해하지 않아도 쉽게 공부할 수 있는 과목을 선택하고 싶다면 몇 가지 이론이나 개념만으로도 충분히 활용이 가능한 한국지리와 사회문화를 선택하라.

사회탐구는 이해력

사회탐구에서 고득점을 올리는 비결은 이해력이다. 그래서 국어처럼 교과서로 공부하라고 권하는 사람이 많다. 아무래도 참고서는 요약 중심이라서 전체적인 흐름을 잡기 어렵다. 하지만 전습법으로 여러 번 공부하므로 어차피 참고서와 교과서로 구분하는 것은 별의미가 없다. 참고서 위주로 공부해도 나중에 교과서를 한번 정도 읽어 전체적인 흐름을 알면 되므로 참고서를 기본서로 선택해도 된다.

사회탐구는 먼저 전체를 안 뒤 세부적인 부분을 알아가는 연역적 방법이 효율적이다. 죽순 만들기 단계에서도 양보다는 질을 추구하여 전체 흐름을 명확히 이해하여 흔들리지 않도록 만들어야 한다.

지금부터 가장 많은 학생이 선택하는 국사를 예로 들어 전습법을 설명하겠다. 사회탐구 과목은 대체로 공부 방법이 비슷하므로 다른 과목에도 똑같이 적용할 수 있을 것이다.

국사 1회독

상황에 따라 다르지만 야간 자율학습 3시간과 집에서 공부하는 2시간을 포함하여 하루 5시간씩 공부한다는 전제 아래 설명하겠다. 전체 내용을 대여섯 개 단원으로 나눠 하루에 한 단원씩 공부해야 한다.

예를 들어, 첫째 날은 통일신라 시대까지, 둘째 날은 고려 시대까지, 셋째 날은 조선 중기까지, 넷째 날은 근대까지, 다섯째 날은 일제침략 이후로 나누어 하루에 공부해야 할 부분까지는 꼭 끝내도록 한다.

첫째 날에 해야 할 통일신라 시대까지는 야간 자율학습 시간에 모두 끝내기에는 분량이 많으므로, 학교에서는 삼국 시대까지 하고 집에 돌아와서 발해와 통일신라 시대까지 끝내는 식으로 공부하면 된다. 야자 자율학습 시간에는 쉬는 시간 없이 삼국 시대까지 철저하게 외워야 한다. 누차 말하지만 중간에 화장실에 가거나 친구와 잡담을 하면 전체적인 흐름이 깨지므로 주의한다.

국사 2회독

2회독하기 전에 1회독에서 외운 내용들이 기억나는지 확인해라. 기억나지 않거나 애매한 부분이 있다면 그 부분만 다시 외운다. 그러면서 서서히 개념을 확장시켜야 한다. 한자로 된 단어의 의미도 파악한다. 한자의 뜻만 알아도 쉽게 이해할 수 있다. 참고서는 단어 하나하나 세세하게 설명해 주지 않는다. 귀찮더라도 모르는 단어는 검색 사이트와 백과사전에서 꼭 찾아보고 뜻을 이해한다. 시간이 조금 걸리더라도 적절하게 시간을 안배해서 미심쩍은 단어를 모두 찾아본 뒤 회독률을 늘려 간다.

그리고 사회과부도와 도표를 적극적으로 활용해라. 참고서나 교과서에 수록된 지도나 유물유적, 도표 등을 꼭 숙지하도록 한다. 사전과 마찬가지로 사회과부도도 항상 기본서 곁에 두고 활용하는 습관을 들인다.

각 시대의 영토가 어떻게 변화되었는지를 전체적으로 살펴봐라. 예를 들어, 삼국 시대에는 각 세기마다 각 나라의 동맹 관계에 따라 한강 유역의 경계가 어떻게 달라졌는지, 고려 시대에는 영토가 얼마만큼 확장되었는지 지명과 함께 보면 좋다. 일제시대라면 독립운동지가 어디인지도 살펴볼 수 있을 것이다. 사회과부도에는 이런 것들이 친절하게 잘 나와 있다. 이것을 1회독할 때도 활용하면 좋으나 시간이 너무 많이 걸리므로 그리 추천하고 싶지는 않다.

국사 3~5회독

큰 흐름과 핵심 사항을 계속 외워라. 주체적이고 비판적으로 읽되 계속 큰 흐름을 파악해야 한다. 외울 때는 머릿속으로 이해하고 정리하면서 외우는 게 도움이 되며 기억에도 오래 남는다. 마치 그 시대에 사는 사람인 양 감정을 이입해도 좋다. 점차 책을 보는 시간보다 머릿속에서 공부하는 시간을 늘려야 한다. 외웠으면 머리를 들어 천정을 보며 외운 내용을 확인해라. 눈을 감고 해도 괜찮지만 필자의 경험에 의하면 자칫 눈을 감고 확인하다가 잠이 들지도 모른다.

회독이 늘수록 암기할 분량과 시간은 점점 짧아진다. 분량과 시간을 무작정 줄이기보다는 회독할 때마다 일정한 주제를 정해 집중하는 게 좋다. 주제는 크게 정치, 경제, 사회, 문화로 나눠라. 주제를 보는 시야와 문제 의식을 자꾸 넓혀야 한다.

국사 시험을 볼 때 가장 큰 문제는 제시된 지문의 내용이 모두 정답처럼 보인다는 데 있다. 예를 들어, 고려의 건축 양식을 묻는 문제에서 지문 중 하나가 조선의 건축 양식을 설명한다고 해도 언젠가 본 기억이 있어 그것마저도 정답처럼 보인다. 이 같은 문제를 피하려면 쌓은 지식의 양이 적더라도 흔들리지 않도록 기반을 먼저 만들어야 한다.

그럼 헷갈리는 개념은 어떻게 외우는 게 좋을까? 헷갈리기 쉬운 개념을 먼저 정리한 뒤 각각의 유사점과 차이점을 찾아 표로 정리하라. 이렇게 정리한 표를 기본서에 붙여 수시로 활용하고 정리 표가 잘되었는지 선생님께 물어 부족한 부분을 보충하는 것도 좋은 방법이다.

단권화를 하라

집에 있는 모든 국사와 관련된 문제집에서 필요한 부분만 발췌하여 한 권에 모두 정리한 뒤 나머지 문제집은 모두 버려라.

학교 수업이나 인터넷 강의 등을 적극 활용하라

단권화 작업까지 마쳤으면 어떤 문제에도 흔들리지 않는 견고한 지식 체계를 머릿속에 갖춘 것이다. 이것을 확장하는 데 강의만큼 좋은 게 없다. 수업시간에 선생님 말씀에 특히 귀를 기울인다. 이해가 잘되지 않거나 기본서 내용만으로는 부족한 부분은 인터넷 강의를 적극 활용한다.

다양한 문제집을 풀어라

이제 문제의식만 잃지 않는다면 시중의 어떤 공부방법도 이 시기는 다 통용된다. 모의고사를 많이 풀어서 실전 경험도 쌓고, 많은 문제를 풀어서 유형파악하는 것도 좋다. 단, 기본서는 놓지 말아야 한다.

과학탐구, 대학의 입학전형을 살펴라 7

어떤 과목을 선택할 것인가?

과학탐구는 물리, 화학, 생물, 지구과학 각 I, II 두 과목씩 총 여덟 과목이다. 앞으로 현재 교육과정은 이 중 2과목을 선택해야 한다. 다만 물리 I, II를 동시에 선택하는 것과 같이 연속선택은 불가하다. 각 과목의 I과 II는 난이도에서 급격한 차이가 난다.

과학탐구는 사회탐구와는 달리 희망 대학교나 학과가 요구하는 입학전형까지 살펴 본 이후에 선택한다. 서울대처럼 II 과목의 선택을 필수로 요구한다면 어쩔 수 없기 때문이다. 암기를 싫어하는 학생이라면 지구과학 I을 추천한다. 그런데 지구과학 II는 I과 달리 깊이 있는 물리적 지식이 필요하다. 물리는 수학적 지식뿐만 아니라 폭넓게 공부해야 하므로 희망 학과와 관련이 없으면 선택하지 않는다.

결국 수학을 좋아하지 않는 학생은 비록 암기량이 많은 과목들이지만 어쩔 수 없이 생물과 화학을 선택할 수밖에 없다.

과학탐구, 어떻게 공부할 것인가

과학탐구 영역은 실험 설계, 자료 이해와 해석, 변인 통제 등 탐구적 요소와 과학적 지식,그리고 실생활에 적용되는 탐구 영역 등 세 가지로 구분할 수 있다. 죽순 만들기 단계에서는 과학적 기본 지식을 기르고, 탐구 요소를 병행하여 익힌다. 실생활에 적용하거나 응용하는 탐구 영역은 죽순 만들기를 끝낸 뒤 문제집에서 공부하는 게 좋다. 그래서 과학탐구는 사회탐구에 비해 문제집의 비중이 더 높다. 그렇지만 죽순 만들기를 하면서 문제까지 풀기에는 공부할 분량이 너무 많다.

역시 가장 먼저 할 일은 기본서를 선택하는 것이다. 각 과목마다 기본서를 한 권 정해라. 과학탐구는 교과서로만 공부하면 지식의 깊이가 얕아서 별 도움이 안 된다. 개념을 자세하게 다룬 참고서라 해도 마찬가지로 지식의 깊이는 얕아 이해하기 어렵다. 그러니 내용이 잘 요약된 문제집을 한 권 선택하여 다양하게 문제를 접하는 게 그나마 가장 좋은 방법이다. 과학탐구는 실험을 명확하게 이해하는 게 가장 중요하다.

죽순 만들기 단계가 지나면 교과서에 나온 실험들은 꼭 이해하고 넘어가야 한다. 그래야 낯선 문제를 접해도 머릿속에 축적된 실험 설계나 해석된 자료를 바탕으로 문제를 풀 수 있다.

과학탐구는 압축해서 정리했기에 개념이 모호한 부분이 많을 수밖에 없다. 암기할 내용을 모두 외웠는데도 관련된 문제를 틀리기도 한다.

그래서 전습법에 따라 기본서를 공부하면서 기본서에 수록된 문제조차 개념이 정리되어 있지 않으면 심리적으로 계속 불안감을 느끼는 것이다. 이때는 이것을 문제라고 생각하지 말고 기본서 내용의 한 부분으로 취급하여 정리해서 외우는 게 가장 좋다. 일단 내용이 다소 빈약하지만 별다른 방법이 없다. 이후에 다른 책이나 문제집에서 보충하면 되기 때문에 불안해 할 필요가 없다. 이것이 과학탐구를 공부하면서 겪는 가장 힘든 부분이다.

또 다른 힘든 부분은 내용이 확실하게 이해되지 않는다는 점이다. 기본서 내용을 처음부터 완벽하게 이해하기는 어렵다. 과학탐구 영역이야말로 이해력 향상이 절실하게 요구된다. 혼자서는 완벽하게 개념을 이해하기 어려우므로 선생님이나 인터넷 강의를 적극 활용하도록 하자.

영희의 과학탐구 대나무학습법

영희라는 학생은 화학 선생님이 무조건 개념을 외우라고만 한다며 불평을 늘어놓았다. 영희는 개념이 정확하게 이해되지 않으면 암기가 안 되는 학생이었다. 이럴 때 학교선생님 말씀대로 무조건 외우는 게 가장 좋은 방법일까?

대답은 '그렇다'이다. 화학은 분자식 등 외워야 할 내용이 사실 너무 많다. 기본서에 나온 내용만 이해하고 외우는 데도 시간이 꽤 걸린다. 또 해당 과목 선생님이 체계적이고 방대한 지식을 갖췄다고 해도 현실적으로 학생들에게 하나하나 일일이 설명해 줄 수도 없다. 기본서로 나름대로 공부를 하면서 중간에 모르는 부분은 선생님의 도움을 받아 해결한다.

과학탐구는 다른 과목에 비해 비교적 부족한 단원을 쉽게 알 수 있다. 기본서 회독과 함께 이 부족한 부분을 집중적으로 학습한다. 그런 뒤 여러 문제집에서 실생활과 관련된 다양한 실험 문제를 많이 접한다.

영희에게 대나무학습법을 알려준 지는 꽤 되었다. 그런데 계속 실행하지 않다가 고등학교 3학년에 올라가자 한번 해보겠다며 나섰다. 영어 1회독을 3일에 끝내라고 했지만 4일이 걸렸다. 생물 II를 공부하는 중에 중간고사 시험 기간이 되었다. 결국 생물 II는 중간에 그만두었다. 지금까지 공부한 생물 II는 모두 무효가 된다는 말에 영희도 익히 아는 바라 수긍하였다.

영희는 물리와 국어를 제외하고 나머지 과목을 전습법으로 1회독하였다. 지금은 고등학교 3학년, 수능시험이 코앞이다. 이쯤에서 의지를 다질 필요가 있어 마주앉아 이야기를 나누었다. 모르는 부분을 물어봐도 그냥 외우라고만 한다며 생물 선생님이 잘못 가르친다며 투덜거렸다. 이해도 되지 않는데 어떻게 외울 수 있겠는가? 그것은 옳은 방법은 아니지만 현실적으로 다른 대안이 없다고 말해 주었다. 그러면서 기를 쓰고 이해하기 위해 노력하라고 말하니 웃으면서 그렇게 했다고 한다. 역시 대나무학습법의 신봉자답다.

8

5회독 후, 선생님 이상하게 성적이 자꾸 올라요

"선생님, 이상하게 성적이 자꾸 올라요. 크게 어렵거나 힘들게 공부하지 않았는대도요."

고려대학교에 입학한 현식이가 고등학교 때 대나무학습법을 시작하고 5회독이 끝난 후에 나에게 한 말이다.

전습법으로 공부할 때 성적이 올랐다고 현재에 안주하면 안 된다. 하나씩 회독이 끝날수록 그 다음 번 회독하기가 훨씬 수월하다. 그러나 어려운 5회독까지 해서 이제 회독이 수월해진 현식이는 그렇게 느꼈겠지만, 여전히 대나무학습법은 다른 학습법보다 실행하기 어렵다. 사실 단권화 작업을 하기 전까지 그 어려움은 계속된다. 하지만 힘든 고비만 잘 넘기면 그 어떤 방법보다 훨씬 큰 효과를 볼 수 있을 것이다.

5회독 후에 성적이 오르는 것은 당연하며 아직 더 올라갈 길이 남아 있다. 대나무학습법을 본인 스스로 하도록 필자는 멘토 역할만 하다 보니 가르치는 것에 한계가 있다. 그리고 아이들이 천차만별이라는 것을 느낀다.

전습법을 한다고 수학을 등한시하는 경우, 3회독을 하고는 5회독을 했다고 하는 경우, 5회독을 해서 성적이 어느 정도 올라가니 만족해서 전습법을 멈추는 경우, 7회독을 해서야 비로소 5회독의 효과를 나타내는 경우 등 참으로 다양하다. 그래도 공통점을 찾는다면 7회독을 하고서 성적의 급격한 상승을 이루지 않는 경우는 없었다는 것이다. 가장 안타까운 경우가 5회독 이후에 성적이 향상되고 나서 만족하여 전습법을 멈춘 경우이다. 5회독이면 어려운 고비를 거의 다 지나왔는데 여기서 멈출 수는 없다. 그리고 만족하는 곳에 발전은 없다. 힘내서 한번만 더 상승의 준비를 하자.

앞서 이미 언급했지만 노파심에서 다시 한 번 회독을 늘려가면서 한 과목에 들어가는 시간이 어떻게 변화하는지 수치로 나타내본다. 보통 6-4-2-1(한 과목 1회독에 6일, 2회독에 4일, 3회독에 2일, 4회독에 1일) 전법이나 6-3-1 전법, 아니면 3-2-1 전법 중에서 자신에게 맞는 전법을 사용하면 된다. 하시민 6 4-2-1 전법 보다는 6-3-1 전법이 낫고, 6-3-1 전법보다는 3-2-1 전법이 더 낫듯이 그 기간을 가급적 단축시킨다. 기간이 짧을수록 한 회독과 다음 번 회독 주기가 짧아져 그만큼 잊어버리는 양도 줄일 수 있다. 어쨌든 최종 마무리를 하루나 이틀 내에 모두 끝낼 수 있도록 시간을 단축하는 것이 중요하다. 그렇다고 대충보거나 막연히 외웠다고 슬렁슬렁 공부해서는 안 된다.

9

국어, 영어, 과탐, 사탐 순으로 줄을 서시오

학습 순서대로 공부하라

전습법으로 공부할 때는 처음 공부한 순서를 지켜야 한다. 예를 들어, 처음에 국어⇨지구과학 *I*⇨물리 *II*⇨영어 순으로 공부했다면 계속 이 순서대로 공부를 하라는 것이다. 전습법으로 공부하다 보면 좀 더 공부하고 싶은 과목이 생긴다. 그렇다고 순서를 어기고 해당 과목을 더 공부한다면 그 과목은 좋아질 수 있지만, 다른 과목의 반복 주기가 달라져서 전체적으로 효율이 떨어지게 되니 항상 균형을 유지해야 한다.

5회독 후 모의고사 성적을 비관하지 마라

5회독을 했다해서 모의고사 성적이 생각만큼 큰 폭으로 오르지는 않는다. 미리 알고 있으면 실망이 적게 된다. 원래 성적이 바닥이었던 학생이라면 성적이 크게 오르겠지만, 이미 어느 정도 하는 학생이었다면 5회독 후에 성적이 크게 상승하지 않는다. 그러나 절대 실망할 일이 아니다. 한 권의 책만 공부했을 뿐이고 흔들리게 답을 썼느냐, 정확하게 답을 썼느냐의 차이가 있었을 뿐이기 때문이다.

과목별로 3~5회독 정도 공부하면 모의고사에서 일반적으로 80점대 점수를 받는다. 시험은 누구나 쉽게 풀 수 있는 문제 위주로 출제하기 때문이다. 이 정도 점수는 대나무학습법을 실행하기 전부터 나오던 점수일 수도 있다. 그러나 이 점수에서 밑으로 더 내려가지는 않을 것이다. 3~5회독을 완전하게 끝마쳤다면 이제 힘든 단계는 벗어났다. 그러나 이것은 어디까지나 죽순을 만든 것이지 대나무로 성장한 것은 아니다. 이 단계에서 많은 부분을 준비했다는 생각에 현실에 안주하는 일이 있어서는 안 된다. 더 높은 점수를 받으려면 지속적으로 노력하여 회독률을 계속 늘려야 한다.

회독 수가 늘어날 때 암기를 막는 세 가지

3회독과 5회독은 단순한 회수의 차이가 아니라 얼마나 정확하게 암기했느냐의 차이다. 필자의 말을 오해한 진만이는 정독하는 과정에서 외우지 않고 그냥 읽기만 했다. 3회독까지 했는데도 모의고사 점수가 70점대인 것이 의아하여 물어보니 확인하는 과정을 거치지 않았다는 것이다. 4회독부터는 꼭 외우면서 공부하라고 했더니 이렇게 하는 게 훨씬 힘들다고 하였다. 하지만 그 다음 모의고사에서는 거의 80점대 점수를 받았다. 정독할 때는 외우는 시간보다 확실하게 외웠는지 확인하는 데 더 많은 시간을 할애해야 한다. 회독 수가 늘어나면 암기를 막는 세 가지 요인이 작용한다.

첫째, 아는 것을 다시 외우고 싶지 않다는 마음이다. 이해와 암기는 마차와 마차바퀴처럼 제 기능을 하려면 서로에게 없어서는 안 될 존재다. 먼저 이해가 선행되어야겠지만 꼭 암기해야 한다. 암기는 공부를 잘하려면 꼭 필요한 조건이다.

둘째, 앞서 외운 지식과 혼동을 일으킨다.

셋째, 분명 외웠는데 막상 기억하려면 잘 생각나지 않는다는 것이다. 머릿속에 어느 정도 기억된 지식은 쉽게 사라지지 않는다. 가장 먼저 이미 기억된 다른 지식과 섞여서 혼동되거나 왜곡되기 쉽고 그나마 시간이 지나고 반복하지 않으면 점점 잊어버리게 된다. 망각을 극복하는 유일한 방법은 반복 밖에 없다. 그러므로 외울 때는 확실하게 반복하여 외우고 확인하여야 한다. 여러 번 반복하여 회독수를 늘리면 머릿속에 기억된 지식이 견고하게 뿌리를 내리므로 쉽게 잊어버리거나 다른 기억으로 바뀌는 것을 막을 수 있다.

보통 시험을 보면 보기 다섯 개 중에서 보기 두세 개는 정확하게 알겠는데, 나머지 한두 개가 꼭 애매하다. 그것은 해당 지식이 완벽하게 머릿속에 저장되지 않았기 때문이다. 그런데 이상한 점은 똑같이 찍은 문제도 공부 잘하는 아이는 맞는데, 나는 틀린다는 것이다. 그것은 머릿속에 저장된 기억의 깊이가 다르기 때문이다. 확실하게 알지 못하는 것이지 아예 모르는 것은 아니다.

시간 안배가 내신과 수능을 잡는 비법 10

내신을 높이는 노하우

먼저 내신을 잘 보는 방법은 무엇일까? 제일 먼저 문제를 출제하는 선생님의 의도를 잘 알아야 한다. 평소에 해당 과목의 수업을 잘 듣는 것은 물론 예·복습도 철저히 한다. 수업시간에는 선생님의 어조를 파악하여 무엇을 강조하는지 간파해야 한다. 종종 교무실에 들러 선생님이 어떤 문제집이나 참고서를 구비했는지 파악하는 것도 좋은 방법이다. 그리고 전년도 기출 문제나 예상 문제를 구해 꼼꼼하게 분석하면서 풀어 본다.

그렇다고 이것만 믿고 공부를 소홀히 해서는 안 된다. 국어, 영어, 수학(이하 국영수)은 선생님 여러 명이 돌아가면서 출제하므로 기본에 충실하게 공부하고, 다른 학교에서 출제된 문제나 문제집 네 권 정도를 구비하여 다각도로 공부해야 한다. 내신은 범위가 명확하게 정해져 있는 만큼 얼마나 성실하게 공부했느냐에 따라 점수가 달라진다. 적어도 시험 전에는 2회, 시험 기간 중에는 1회 반복하는 시간을 갖자.

상위권 학생들은 보통 취약한 과목부터 최소 3~4주 전에 공부하기 시작한다. 학원에 다닌다면 시험 2주 전부터는 학원에 가지 말고 혼자서 공부한다. 준비 기간의 반을 국영수에, 나머지 반은 그 외 과목에 투자한다.

하위권 학생은 당연히 국영수 실력이 부족하므로 시험 공부에 자신이 없다. 성취감을 맛보려면 국영수보다는 암기 과목 위주로 공부한다. 내신 성적을 올려 자신감을 먼저 획득하는 것이 중요하다. 영어, 수학은 단기간에 공부한다고 성적이 올라가지 않으므로 평소에 꾸준히 공부한다. 공부를 못하는 학생은 대체로 모든 과목의 점수가 낮은 편인데, 이것은 시험 준비에 소홀한 측면도 있지만 단번에 성적이 오르지 않는 국영수에만 너무 매달렸기 때문이다.

즉, 공부할 양이 많은 국영수를 공부하느라 시간을 모두 허비하여 상대적으로 암기 과목을 공부할 시간이 부족하게 되었고, 높은 점수를 받을 수 있는 암기 과목까지 포기하게 된 것이다. 암기 과목의 성적은 공부의 양과 비례한다.

수능은 전습법을 병행하라

이렇게 공부하면 내신은 올릴 수 있다. 그러나 이런 방식을 꾸준히 했을 때, 다음 두 가지 문제가 발생할 것이다.

첫째, 수능에서 수학의 점수가 잘 나오지 않을 것이다.

둘째, 우물 안의 개구리처럼 교내 우등생으로만 머물 수 있다.

이 정도에 만족한다면 필자도 할 말이 없지만 더 나을 수 있는 학생이 단지 학습방법 때문에 주저앉는 것이 안타까워서 하는 말이다. 내신을 올리는 학습법은 수능의 점수를 올리는 학습법과 배치된다. 물론 전습법은 수능이 잘 나오는 학습법이기에 역시 내신 잘나오는 방법과도 서로 배치된다.

수능에만 올인하려는 학생은 큰 문제가 없지만 내신 점수도 올리고 싶은 학생은 기존에 해오던 예습과 복습을 중단하고 대나무학습법만 실천한다. 물론 불안할 수도 있다. 그러나 내신을 준비하는 기간을 최소한으로 줄이고 시험이 끝난 직후부터는 전습법을 실행하면 된다. 보통 내신시험 준비기간은 일주일을 넘기지 말라고 한다. 그러면 다음 내신시험 때까지 3개월의 시간을 벌 수 있다. 이 시간에 3회독까지 끝낸다면 이후 내신시험과 전습법을 병행하여 공부하는 방법을 터득하게 된다. 다음 정기 시험 전까지 3회독을 끝내면 다음과 같은 이점이 생긴다.

첫째, 굳이 예습하지 않아도 된다. 이미 전습법으로 배울 내용까지 공부했으므로 예습과 동일한 효과를 갖게 된다. 둘째, 수업시간에 충실하게 된다. 미리 공부했기 때문에 선생님 말씀이 귀에 쏙쏙 들어온다. 조금 미진한 부분은 수업시간에 한 번 더 외우면 된다. 셋째, 남는 시간에 수학 공부를 할 수 있다. 넷째, 예·복습이 필요하지 않아 야간 자율학습 시간을 모두 전습법을 활용하는 데 쏟을 수 있다.

한 과목만 공부하면 되므로 심리적 압박을 받지 않는다. 중간고사나 기말고사 기간과 겹치더라도 일주일 정도 전에만 시험을 준비하면 된다. 시험 기간에도 더욱 안정감 있게 공부할 수 있으며, 좀 더 깊이 있고 다양한 공부를 할 수 있다. 이때 공부한 내용들은 고스란히 성적과 연결된다. 시험이 끝난 뒤에는 다시 전습법으로 되돌아가면 된다.

기본서라는 뼈대에 살을 붙이는 단권화 작업

기본서 하나만 죽어라 공부했다면 단권화는 지식의 1차 확장에 속한다. 해당 기본서와 관련된 문제집에서 필요한 부분만 발췌하여 한 권에 모두 정리한 뒤, 1회독하면 문제집 다섯 권을 푸는 것과 같은 효과가 나타난다. 또 문제집 다섯 권을 따로 풀 때보다 시간 활용 면에서 효율적이다. 외운 지식을 다지는 것은 이 단권화한 기본서 하나면 충분하므로 이것을 다시 3회독 정도 반복한다. 제대로 공부한다면 100점 만점에서 80~90점 정도를 얻을 수 있다. 이 정도 점수가 나오지 않았다면 대충 읽으면서 넘어가 개념이 제대로 외워지지 않은 것이다. 이때는 회독하는 속도를 무시하고 좀더 깊이 있게 공부해야 한다.

한 과목을 3~5회독을 하면 하루나 이틀 정도면 정리가 끝난다. 3~5회독으로 기본 뼈대를 갖췄다면 단권화 작업을 거쳐야 비로소 성적이 큰 폭으로 오른다. 기본서에서 빠졌거나 부족한 부분을 다른 교재에서 필요한 부분만 발췌하여 기본서에 정리하는 작업을 단권화라고 한다. 얕은 지식으로는 여러 번 공부해도 성적이 오르지 않는다. 기본서라는 뼈대에 살을 붙이는 작업이 단권화이며, 성적을 올리기 위해서는 꼭 거쳐야 하는 작업이다. 단권화 작업은 한 과목을 하루나 이틀 내에 끝낼 수 있을 때 시작한다. 국영수를 제외한 전습법으로 하는 모든 과목이 단권화 작업을 해야 하는 대상이다.

단권화의 목적은 모든 내용을 기록하는 작업으로, 다른 교과서나 문제집, 선생님 말씀 등을 빠짐없이 기록하여 어떤 문제가 주어져도 잘 대처하도록 하는 데 있다. 이때, 내용은 압축해서 적어야 공부할 분량을 줄일 수 있다.

단권화 작업도 한 과목씩 2주 이내에 끝내라

단권화 작업도 한 과목씩 한다. 예를 들어, 생물 과목을 단권화한다면 자신이 가진 문제집이나 참고서, 모의고사 문제, 정리된 노트 등 생물과 관련된 모든 자료를 꺼내 놓는다. 한 권씩 검토하면서 기본서와 중복되는 부분은 제외하고, 기본서에 없는 부분은 기록한다. 기본서에 내용을 추가할 때는 해당 부분을 가위로 오려 붙이기, 여백에 써넣기, 포스트잇에 정리하여 붙이는 방법 등을 이용한다. 그렇다고 형형색색의 펜으로 너무 지나치게 표시하는 것은 좋지 않다. 중요하다고 생각하는 부분만 너무 강조하면 다른 내용은 눈에 잘 들어오지 않을 수 있다. 눈의 망각은 기억보다 빠르다. 그래서 여러 번 반복한 부분도 처음 보는 것처럼 느껴질 때가 있는 것이다. 단권화 작업은 가능한 2주 안에 모두 끝낸다.

뼈대가 확실하게 세워지지 않은 상태에서는 단권화 작업을 하지 않는 게 좋다. 관련 내용을 중복해서 적는다든지 엉뚱한 페이지에 내용을 추가할 수 있어 오히려 시간을 낭비할 수 있다.

단권화 작업을 할 때 주의할 점

깔끔하게 적는다

너무 지저분하게 정리하거나 자신이 쓴 글씨인데도 알아볼 수 없게 적는다거나, 너무 압축하여 뜻을 알 수 없게 적어서는 안 된다. 따라서 먼저 정리할 내용을 정확하게 이해한 뒤 내용을 요약하여 적는 것이 좋다.

기본서의 내용과 관련된 부분에 정리한다

아직 기본서의 내용조차 다 이해하지 않은 상태에서 무턱대고 단권화를 시도하지 마라. 해당 내용이 정확히 기본서의 어느 위치에 있는지 몰라 엉뚱한 곳에 적거나 중복해서 정리할 수 있다. 잘못된 위치에 내용을 정리하면 책장을 앞뒤로 넘기면서 공부해야 해서 불편하고 공부의 맥이 끊겨 쉽게 지친다.

지나치게 많은 내용을 정리하지 않는다

기본서보다 내용이 좋다고 해서 꼭 필요하지도 않은 자료까지 모조리 추가하는 욕심은 버려라. 단권화는 가능하면 간단하고 깔끔하게 정리하는 게 좋다. 너무 많은 내용을 추가하면 공부해야 할 분량만 늘어난다.

단권화 작업을 마치면 나머지 자료는 과감히 버린다

쓸데없는 자료는 오히려 혼란만 가중시킨다. 게다가 계속 다른 자료와 비교해 보고 싶은 욕구가 생길 수 있으므로 공부를 방해하는 모든 요인은 미리 차단하는 게 좋다.

단권화는 계속 업그레이드 한다

새로운 문제집이나 자료를 발견할 때마다 단권화한 기본서에 내용을 추가한다. 시간이 있을 때 새로운 자료를 이해하여 단권화한 기본서에 정리해 두지 않으면, 나중에 이것도 봐야 하고 저것도 봐야 해서 결국 아무것도 보지 못하는 경우가 있다. 수능시험 날짜가 바로 코앞인데 새로운 자료를 정리하는 작업은 무의미하다. 수능 한달 전까지는 계속 단권화 작업을 업그레이드하고, 그 뒤에는 단권화된 기본서를 반복하여 공부하는 게 낫다.

단권화 작업까지 끝났다면 이제 죽순 만들기는 모두 완성되었다.

대나무학습법의 가장 큰 특징은 3회독까지는 성적이 그다지 오르지 않는 답보상태에 있다가 5회독 이후부터 성적이 조금씩 오르는 것에 있다. 다시 7~8회독까지는 별다른 변화가 없으며, 10회독을 넘어가면서 다시 한 번 성적이 오른다. 이때, 최상위 성적을 얻으려면 개념을 확실하게 이해해야 한다. 교과서에는 핵심 내용만 실렸다. 원리를 이해하려고 노력하라.

원리 하나를 이해하는 데 시간이 너무 많이 걸린다고 이 작업을 등한시해서는 안 된다. 원래 원리는 특성상 다른 곁가지를 많이 달고 있다. 어려운 원리를 이해하고 나면 주위의 많은 개념도 함께 이해할 수 있다. 게다가 지식은 대부분 원리를 깨우쳐야만 외워진다. 인터넷이나 선생님을 적극적으로 활용하여 원리를 깨우치도록 하자. 인터넷을 활용하면서 자칫 게임의 유혹에 빠질 수도 있는데, 이것만 조심하면 인터넷은 유용한 도구이다.

단권화 작업 이후 2~3회독만 충실히 해도 모의고사 점수를 90점대로 올릴 수 있다. 설령 이 점수대를 받지 못했더라도 아직 실망하기는 이르다. 다음 원칙만 충실히 지킨다면 이제 어떤 방식의 학습법을 사용하든 문제되지 않는다.

암기에 30%, 확인하는데 70% 로 시간을 짜라

단권화 작업 이전에는 이해와 암기에 50%, 암기한 것을 확인하는 데 시간의 50%를 사용하라고 앞에서 이야기한 적이 있다. 단권화 작업 이후에는 이해와 암기에 30%, 암기한 것을 확인하는 데 나머지 70%의 시간을 할애하라. 회독 수가 늘어날수록 암기한 것을 확인하는 데 더 많은 시간을 투자해야 한다. 수업시간 중간 중간에도 계속 암기한 내용을 확인한다.

시간에 너무 구애받지 마라

여러 번 회독하여 한 과목을 공부하는 데 걸리는 시간이 많이 줄어들었을 것이다. 이제는 무조건 시간을 줄일 것이 아니라 좀 더 깊이 있는 공부를 하는 데 시간을 쏟아야 한다. 지금부터는 죽순 만들기로 완성한 뼈대에 살을 붙여야 할 때이다. 깊이 있는 공부를 하려면 충분한 시간이 확보되어야 한다. 시간에 쫓기면서 깊이 있게 공부한다는 것은 불가능하다. 회독 수가 늘어갈수록 공부하고자 하는 의욕도 높아지고 심적으로도 여유가 생겨 깊이 있게 공부하려는 욕심이 생긴다.

깊이 있게 하는 공부는 옆에서 보면 굉장히 여유 있어 보인다. 남들은 하나라도 더 공부하려고 바쁠 때 혼자서 여유를 즐길 수 있다니 얼마나 멋진 일인가? 이쯤 되면 어떤 유형을 자주 틀리는지도 알 수 있어 그 부분만 중점적으로 공부하면 될 것이다. 예전에는 초조한 마음에 할 수 없었던 일들(모르는 한자를 옥편에서 찾는다든가, 더 자세한 정보를 얻기 위해 자료를 인터넷에서 찾아본다든가 하는 등)을 할 수 있다.

너무 여유로워 보이는 모습에 오히려 주위에서 걱정할지도 모르겠다. 시험 기간이 얼마 남지 않았는데도 암기 과목은 공부하지 않고 매일 수학만 잡고 있는 모습을 보면 친구나 선생님이 오히려 더 걱정할 것이다. 그러나 그들이 모르는 사실이 있다. 매일 밤 한 과목씩 끝낸다는 것을 말이다.

다양한 방법으로 회독 수를 늘려라

이것은 단권화 작업 이후의 회독 방식에만 해당되는 말이 아니다. 한 회독이 끝나고 다음 회독을 할 때는 이전과는 다른 방법으로 회독을 한다. 같은 내용을 계속 반복해서 공부하다 보면 나중에는 기계적으로 반복하여 오히려 학습 효과가 떨어진다.

예를 들어, 국사를 전습법으로 공부할 때 처음에는 기본서로만 공부하고, 그 다음에는 지도와 같이 병행하여 공부하며, 마치 자신이 그 시대 사람인 양 가정하면서 공부하는 것도 좋은 방법이다. 자신이 출제위원이라면 어떤 식으로 문제를 낼까 생각하여 정리해 보는 것도 좋다. 이런 생각은 지식을 객관적으로 만든다. 또 다양한 방식으로 머릿속에 기억을 저장할 수 있고, 지식을 서로 유기적으로 연결시켜 오랫동안 머릿속에 기억할 수 있어야 한다.

책 값이 아깝다는 생각을 버려라

새로운 책이 있으면 사서 필요한 부분만 활용하자. 이때 책 값이 아깝다고 처음부터 끝까지 꼼꼼하게 보는 것은 어리석은 일이다. 기본서와 겹치는 부분은 과감하게 건너뛰고 새로운 유형 부분만 살펴본다. 유형을 모두 이해한 뒤에는 새로운 부분만 기본서에 단권화하는 작업을 한다. 그것으로 새 책은 제 몫을 다한 것이다.

스터디 그룹은 만들지 마라

혼자서 공부하다 보면 무엇이 중요한지 잘 모르거나 여러 번 봤어도 놓치는 부분이 있게 마련이다. 다른 사람과 같이 공부하면 서로 부족한 부분을 교차 점검을 할 수 있어 좋기는 하지만, 이 같은 장점에도 그리 좋은 방법은 아니다. 왜냐하면 첫째, 실력이 있고 성실한 사람들로 모이기가 쉽지 않다. 각 구성원들의 의지가 강하지 않다면 스터디 그룹은 아예 생각하지 마라. 둘째, 많은 시간이 필요하다. 공부하는 데 많은 시간이 드는 것은 문제되지 않으나, 구성원 중에는 공부를 방해하거나 노는 분위기를 만드는 사람이 있게 마련이다. 그렇게 되면 공부하는 시간보다 노는 시간이 더 많아진다. 귀중한 시간을 그런 식으로 낭비할 수는 없다.

서브 노트를 만들지 마라

공부를 잘하는 학생에게는 각 과목별로 일목요연하게 요약한 서브 노트가 도움이 된다. 전습법으로 공부하지 않은 학생에게는 전체 내용을 요약한 서브 노트가 최종 정리하는 데 꼭 필요하다. 그러나 전습법으로 공부한 학생에게는 서브 노트와 기본서로 이원화가 되어 좋지 않다.

다만 수학과 국어는 단권화 작업을 할 수 없으므로 기본서를 보충해 주는 서브 노트가 필요하다. 수학은 오답노트를 만들면 좋다. 따로 정리하는 것이 불편하면 기본서의 여백 등에 정리하거나 완벽하게 이해해 더는 외울 필요가 없는 문제 위에 붙여서 활용하면 된다. 국어는 문법이나 고전에서 외워야 할 내용을 적는다든지 읽은 책을 요약하는 식으로 활용한다.

오답노트는 과목마다 작성할 필요는 없다. 귀중한 시간만 허비하므로, 과목마다 오답노트를 작성하는 것은 가급적 피한다.

단권화 이후에는 기본서와 문제집을 병행하라

단권화 작업 이후에도 기본서로 충실히 공부하면서 문제집을 병행한다. 자신의 실력을 확인 단계로서 문제집을 보아야 한다. 문제집을 풀어 이제까지 공부한 내용을 평가하거나 미진한 부분을 보충할 수 있다. 문제집을 풀다 보면 다음과 같이 세 가지 유형으로 문제가 나눠진다.

- □ 확실하게 아는 문제는 다시 볼 필요가 없다.
- □ 알지만 헷갈리는 문제는 문제집에 표시한 뒤 반드시 기본서에서 연관된 내용을 찾아 정확하게 이해한다.
- □ 모르는 문제는 기본서에 연관된 내용을 찾아 이해하려 노력하고, 부족하면 참고 자료를 찾아보거나 선생님께 여쭤서 확실하게 이해한다.

분명히 외웠는데도 잘 기억이 나지 않는 경우가 있다. 기억은 머릿속에 외운 순서대로 저장되기 때문이다. 바로 기억하지 못하고 앞뒤 상황을 생각해서 문제를 풀었다면 아직 완전하게 외운 것이 아니다. 이렇게 기억된 내용은 자칫 기억이 변형을 일으킬 수 있다.

수능 8등급, 서울시립대에 입학하다

지난해 4월, 군에서 막 제대한 한 청년으로부터 전화를 받았다. 통화 내용은 군에 있을 때 대나무학습법을 만났는데, 지금부터 시작하여 올해 앞으로 남은 기간 공부를 해서 서울대를 가겠다는 것이었다. 그래서 현재 상태를 몇 가지 물어보았더니 예전에 수능 등급이 7~8등급이었으니 지금은 백지 상태라고 했다.

필자가 생각하기에는 힘들지 않을까 싶었다. 다른 과목이야 대나무학습법으로 서울대도 가능하지만, 문제는 수학이다. 성실함을 요구하는 수학, 분습법으로 공부해야 하는 수학은 물리적으로 시간이 절대적으로 부족하기 때문이다. 나의 우려에 청년은 군에 있으면서 필자의 책 『중학수학 만점 공부법』을 여러 번 읽었노라고 하였다.

다행히 이 친구는 이과가 아니라 문과라 하니 가능성이 있겠다싶어 한 번 노력해보자고 하였다. 이렇게 하여 군대를 제대한 그 친구의 눈물

겨운 대나무학습법이 시작되었다.

그 친구는 모의고사를 치루고 나서는 매번 공부의 근황을 알려왔다. 6월까지 필자의 책들을 참고서로 하고 기본서를 한권씩 정하여 아침부터 새벽 2시까지 매일 수학공부에 매진하였다. 6월 모의고사에서는 암기과목은 아예 찍고 잠을 잤다고도 하였다. 일주일에 하루는 쉬라는 충고를 하였지만, 공부가 너무너무 즐겁고 시간이 아까워 일주일에 하루, 그것도 밤 12시부터 2시까지만 쉰다고 하였다.

9월 모의고사 직후 거의 대부분 과목에서 2등급을 받았다는 연락이 왔다. 흥분을 참지 못하는 어투로 앞으로 남은 2개월 동안 모든 과목의 성적을 100점으로 끌어 올려서 서울대에 가겠노라 하였다.

수능이 끝나고 다른 어떤 친구들보다 이 친구의 전화연락을 기다렸지만 끝내 전화가 오지 않았다. 그동안 연락처로 사용하였던 도서관은 나오지 않는 상태라서 근황을 알 수 없었다. 아마도 시험을 잘 보지 못해서 그런가 보다라고 생각하게 되었다. 몇 달 후 전화로 서울시립대 경제학과에 들어갔으며 시험을 망쳐서 너무너무 죄송하다고 하였다.

그래서 지난 7개월 동안 최선을 다했느냐고 물었고 정말 열심히 하였다는 대답이었다. 그렇다면 되었다. 한때 열심히 한 것이 한 때로 끝나지 않고 인생을 살면서 결과에 상관없이 항상 그 기억이 뿌듯함과 자랑스러움으로 남을 것이라 말해주었다. 인생이 모두 뜻한 대로만 되겠는가? 무언가 목표를 가지고 도전하는 것은 성공의 여부와 관계없이 성공한 인생이다. 사람들의 90%는 목표가 없고 목표가 없으니 당연히 실패도 없다. 다소 무모하다 싶은 목표를 설정하고 노력하면 그것을 비록 달성하지 못했다 해도 노력한 만큼 자신에게만은 자랑스러움으로 남을 수 있다. 실패를 부끄러워하기보다는 도전하지 않음을 부끄러워해야 한다.

4장

대나무의 '속'을 채우는 전략, 장점과 단점을 살펴라

선생님은 전문가, 학교 공부를 놓치지 마라

1

수업시간에 전습법을 활용하라

전습법으로 여러 번 공부했다고 해서 완벽하게 시험에 대비한 것은 아니다. 분명히 하나하나 빠짐없이 봤는데도 놓친 부분이 있다. 사람의 눈은 기억보다 빠르고, 두뇌는 눈보다 빠르다. 그래서 이미 익숙한 것에만 자꾸 눈이 가게 된다. 소리 내어 읽으면 조금 낫겠지만 읽다 보면 어느 순간 다시 묵독하는 자신을 발견하게 된다.

그렇기 때문에 다른 사람과 교차 점검하는 작업이 반드시 필요하다. 한 발자국 뒤로 물러나 다른 관점으로 바라보는 작업은 지식을 더 견고히 하고 빠짐없는 공부하기 위해서다. 이를 위해 선생님과 수업시간에 질문을 주고받거나 다양한 문제집을 검토한다.

3~5회독 정도 반복하였거나 단권화 작업이 끝날 때쯤 수업시간이 매우 알차고 유익하다는 것을 알게 될 것이다. 이전 수업과는 비교도

되지 않을 정도로 선생님 말씀이 귀에 쏙쏙 들어오고, 한번 들었는데 금방 외우는 내용이 많아진다.

수업시간에는 전습법으로 공부한 내용을 교차 점검하는 기회로 활용해야 한다. 혼자서는 해결할 수 없는 문제를 수업을 하면서 얻을 수 있기 때문에 전습법의 단점을 보완할 수 있는 절호의 기회다. 선생님한테서 다양한 정보를 얻을 수 있고, 머릿속에 저장된 개별 지식들이 전체적인 맥락으로 연결되어 저장된 지식을 더욱 알차게 만들 수 있다. 그래서 단권화 작업이 끝난 뒤 듣는 수업 한 시간은 혼자서 공부하는 몇 시간과 같은 효과를 얻을 수 있다. 수업시간에는 선생님을 뚫어져라 쳐다보면서 오직 수업에만 충실해야 한다. 부족한 다른 과목을 공부한다거나 잠을 잔다면 혼자서 공부해야 하는 시간이 훨씬 늘어난다.

시간의 대부분을 학교에서 보내고 있는데, 그 시간을 헛되이 보낸다면 효율적인 학습이 될 수가 없다. 많은 학생들이 선생님의 수업 방식에 불만을 나타낸다. 수업이 알차지 못하다느니 목소리가 졸음을 몰고 온다느니 실력이 없다느니 하고 불평을 한다. 하지만 수업 진도가 느리면 오히려 이해할 수 있는 시간이 충분하기 때문에 지식을 차곡차곡 쌓고 부족한 부분을 외우는 시간으로 활용할 수 있다. 가르치는 실력이 부족할 수는 있지만, 선생님은 한 과목을 오랫동안 가르친 경험이 있는 전문가라는 사실을 잊지 말자. 이미 전습법으로 공부한 내용이라고 수업시간을 소홀하게 보내지 말고 선생님의 한 마디도 놓쳐서는 안 된다. 여러분이 불평만 늘어놓는 사이 다른 학생은 선생님에게서 귀중한 지식을 얻고 있다는 사실을 명심하자.

수업시간에 외워라

혼자서 공부할 때는 자칫 전체적 맥락에서 벗어날 수 있다. 전체적인 맥락 속에서 부분을 이해하려 노력하고, 필요하면 질문을 하거나 수업이 끝난 뒤 선생님을 쫓아가서라도 반드시 지식을 자기 것으로 완벽하게 만들어야 한다. 대체로 전교 10위권 안에 드는 학생들은 모르는 문제가 있으면 처음에는 혼자서 물고 늘어지다가 그래도 안 되면 선생님께 찾아가서 물어본다. 선생님은 여러분을 위해 존재한다는 사실을 잊지 마라. 또 전습법으로 놓친 내용이 있다면 가능한 수업시간에 모두 외워라. 분량이 많아서 다 외우기 힘들다면 그래도 그 수업시간에 최대한 외울 수 있을 만큼 외워야 한다.

공부를 못하는 학생들은 수업시간에 외우기 어렵다고 나중에 외우기 위해 별표만 많이 쳐놓는데, 이것은 시간을 무의미하게 허비하는 것이다. 절대 나중에 다시 할 거라는 생각을 하지 마라.

노트 필기는 하지 마라

노트는 원래 머릿속에 저장된 기억이나 이해를 도와주는 보조 수단이다. 선생님이 말하는 것을 빠짐없이 노트에 기록하는 것은 나중에 그것을 다시 보겠다는 전제가 깔린 것이다. 노트를 기록하는 데 너무 몰두한 나머지 수업이 아니라 노트 필기가 중심이 되어 버린다. 그런데 전습법을 하는 학생도 그렇지만 일반 학생들도 대개는 나중에 기록한 노트를 다시 펼쳐볼 시간은 없다. 대부분의 기억법은 오감을 자극하도록 노트필기를 권하는데 우리는 모든 것을 기본서에 의지해야 한다. 차라리 노트 필기할 시간에 하나라도 더 외워라.

기본서에 추가하라

수업시간에도 기본서를 이용해야 한다. 새로운 지식이나 개념을 알게 되면 가능한 수업시간에 완전히 이해해서 외우고, 그것을 기본서에 정리하여 추가한다. 이 단권화 작업은 수능시험 한 달 전까지는 계속해야 한다.

문제풀이 중심의 학원, 기초가 없다면 독이다 2

이 과목은 너무 어려워 혼자서는 못하겠다, 먼저 개념을 잡겠다며 과외나 학원을 찾는 학생이 많다. 그래서 좋은 학원, 좋은 과외 선생님을 물색해서 과외를 받아보지만 효과를 본 사람은 없는 듯하다.

기초가 부족한 상태에서 공부하는 과외나 학원은 효과가 없다. 과외나 학원은 부족한 기초를 잡아주는 곳이 아니라 문제를 푸는 기술을 알려주는 곳이기 때문이다. 과외는 학원에 비해서는 학습의 기초를 잡아주지만 대부분 부족한 기초보다는 당면한 문제를 푸는데 집중할 때가 더 많다

기초가 부족한 학생들을 문제 풀이 위주로 가르치는 학원이나 과외는 시간 낭비일 뿐이며 문제도 많다.

원리가 아닌 결론 중심의 공부

문제 풀이 위주의 학습은 현재 자신한테 부족한 부분이 무엇인지를 알게 해준다. 즉, 지식에서 '왜?'라는 질문에 답을 알려주기보다는 '아는가? 모르는가?'를 점검하는 것이다. 이것은 문제를 푸는 요령만 터득하게 해준다. 그렇다 보면 결국 지식의 기본 원리가 무엇인지 질문을 던지고 스스로 해답을 구하는 자립 능력이 떨어진다.

응용력의 부재

완전하게 원리를 이해하지 못했기 때문에 조금만 문제가 변형되어도 당황하고 헷갈려 한다. 익숙한 유형의 문제는 잘 풀면서 모의고사 등 외부 시험에서 문제를 조금만 응용해서 출제되어도 쉽게 풀지 못하는 것은 문제 풀이식 교육에 너무 길들여졌기 때문이다. 문제 풀이식 교육에 익숙한 학생은 낱말만 조금 바꾼 같은 문제인데도 처음 보는 문제인 양 당황스러워한다. 높은 수준의 문제는 풀면서 낮은 수준의 문제는 풀지 못하는 기이한 현상마저 보인다.

하나만 제대로 알면 거기에 다른 지식을 연관시켜 새로운 지식을 유추하는 응용력을 기를 수 있다. 혹시 모든 유형의 문제를 많이 풀어 보면 되겠지 하고 안일하게 생각하는 학생도 있을지 모르겠다. 하지만 그렇게 하는 것은 현실적으로 불가능하다. 수학만 보더라도 서로 다른 유형이 총 3,000개나 된다니 남은 시간에 이 유형들을 모두 한 번씩 풀어 보기는 불가능하다.

의존적 학습

과외나 학원은 선생님이 문제를 일일이 풀어주면 학생들은 이것을 아무 노력 없이 그저 받아먹는 식으로 학습을 진행한다. 학생들에게는 이런 방식이 편할 수도 있겠지만, 장기적으로 봤을 때는 스스로 문제를 파악하고 해결하는 능력을 기를 수 없게 만든다. 혼자서 문제를 해결하다 보면 어느새 자신감도 생기고 주체적으로 공부하게 되어 어떤 상황이 닥쳐도 잘 이겨낸다. 하지만 선생님이 주는 대로 그냥 받기만 한 학생은 문제가 조금만 어려워도 쉽게 포기하고 선생님께 쪼르르 달려가서 물어보거나 해답을 펼쳐본다.

고등학교 3학년 막바지에는 다음 공부 방법을 추천한다.

상위권 학생들은 문제 풀이를 중심으로 공부하되 부족하다고 느끼는 부분만 골라서 혼자 공부하는 시간을 되도록 많이 가져라. 중하위권 학생들은 시간이 촉박하여 마음만 급하므로, 문제 풀이 강의를 듣기보다는 개념 정리를 여러 번 반복해서 문제 풀이의 응용력을 높여라.

다시 말하지만 기초가 없는 상태에서 학원이나 과외의 문제 풀이식 방법은 의미가 없다. 게다가 학생들은 왜 이렇게 공부해야 하는지 모르는 상태에서 자꾸 강요를 받기 때문에 많은 공부량 때문에 지레 겁을 먹고 흥미를 잃거나 자포자기할지도 모른다. 또 스스로 생각하는 힘을 기를 수 없기 때문에 사고력도 제한된다. 문제집을 여러 권 모두 풀었다고 높은 점수를 받을 수 있다는 생각은 미련하다. 스스로 문제를 찾아 해결하려고 노력하지도 않고 기초도 부족하기 때문에 수준이 높은 사고가 필요할수록 공부가 점점 뒤처진다.

상위권 학생들의 70%는 과외나 학원 수업보다는 혼자서 공부할 때 학습이 더 효율적이었다고 했다. 그래서 대부분은 혼자서 공부하는 게 좋다고 충고하는데, 어떤 방식이나 다 장단점이 있기 마련이다.

학원이나 과외 수업은 시험에 출제될 가능성이 높은 문제 위주로 공부한다. 이미 검증 받은 문제 푸는 기술을 알려주기 때문에 혼자서 공부하면서 겪게 되는 시행착오를 줄여준다. 이런 장점을 살리기 위해서는 반드시 기초가 튼튼하다는 전제가 필요하다.

기초를 다진 뒤에 과외나 학원을 활용하라

모든 것은 다 때가 있다. 처음부터 과외나 학원에서 시작하기보다 혼자서 개념을 이해하고 외워서 기초를 튼튼히 다진 뒤에 과외나 학원을 이용하라. 전습법으로 하는 정독은 죽순 만들기 단계를 거쳐 기초를 쌓는 것이므로, 혼자서 하는 게 어렵더라도 꾸준히 노력하여 실력을 쌓아야 한다. 처음부터 학원이나 과외의 도움을 받으려 해서는 안 된다.

하지만 죽순 만들기가 끝나면 학교 수업처럼 학원이나 과외도 많은 도움이 된다. 만약 수업시간에 잘 모르는 내용의 비중이 30%를 넘거나 외울 내용이 많으면 기초가 아직 충분히 다져지지 않은 것이므로, 이때는 지체 없이 학원이나 과외를 그만두고 2~3회독을 더 해야 한다. 그러나 학원이나 과외가 모든 학생들에게 효과가 있을지는 의문이다. 기초가 쌓인 뒤에는 학교 수업만으로도 충분히 효과를 얻을 수 있다. 문제집을 여러 권 풀면서 전습법을 병행하면 학원이나 과외에서 얻는 문제 풀이 요령을 얼마든지 체득할 수 있다. 학원은 학원을 왕복하면서 걸리는 시간, 학원 공부를 준비하는 시간 등 쓸모없는 데 너무 많은 시간이 소요된다. 그럼에도 학습 효과가 있다고 판단되면 적극적으로 활용해라.

과외나 학원이 가장 도움이 되는 학생들은 최상위권 학생들, 즉 만점을 노리는 학생들에게나 효과가 있다. 이들은 이미 기초가 튼튼하다. 최상위권 학생들은 한두 문제를 더 맞기가 무척 어렵다. 이 한두 문제를 더 맞추기 위해 새로운 문제 풀이가 필요한 것이다. 이때도 훌륭한 학원이나 과외 선생님이 있어야 한다는 단서가 붙는다.

간혹 방학을 맞은 고등학생들이 학원을 다니는 것이 좋으냐는 질문을 한다. 이때도 해당 과목을 전습법으로 2~3회독 하지 않았다면 효과가 없다. 실제로 학원에 다니는 학생들보다 집에서 공부하는 학생들의 성적이 훨씬 높다. 학원에서 효과를 보려면 이미 모든 과정의 공부를 끝마친 상태여야 한다. 수험생은 효과적으로 학습하려면 반드시 혼자서 공부하는 시간이 필요하다. 방학 기간 중 보충 수업이나 학원 강의를 들을 때는 반드시 자신에게 필요한 것만 잘 선별하여 들어야 한다. 그래야 남는 시간을 효율적으로 잘 활용할 수 있다. 의욕이 앞선다고 이것저것 강의를 듣다 보면 스스로 공부할 시간만 줄어들게 된다.

공부는 집에서 하라 3

공부는 혼자서 하는 것이므로 가장 공부하기 좋은 장소는 집이다. 하지만 도서관에서는 공부가 잘되는데 이상하게 집에만 오면 공부가 되질 않는다고 말하는 학생들이 의외로 많다. 도서관이나 독서실 등은 지금까지 공부한 곳과는 다른 장소라 처음에는 집중이 잘 될 수도 있다.

도서관, 독서실 등 집이 아닌 곳을 공부하는 장소로 정하면 해당 장소로 왕복하는 시간이 필요하고 자연히 다른 사람과 접촉하는 시간도 많아진다. 그러면 친구와 잡담을 하는 등 다른 일에 공부할 시간을 빼앗길 수 있다. 사실 독서실에서 공부한다고 하는 학생들 중에서 성공하는 예를 본 적이 없고 오히려 추락하는 예를 너무도 많이 보았다. 독서실을 굳이 다녀야겠다면 1~2주 정도마다 계속 바꾸기를 권하지만, 이마저도 집 주위에 독서실이 많은 것이 아니라서 쉽지 않다. 간혹 버스나 전철을 타고 다니면서 공부가 잘된다는 아이도 있는데 그리 좋은 방법이 아니다. 집이 아닌 곳에서 공부하는 습관을 들이면 집에서는 전혀 공부가 되지 않는다. 힘들더라도 될 수 있으면 집에서 공부하는 습관을 들여라.

집에서 공부할 때 가장 방해되는 것은 컴퓨터와 소음이다. 컴퓨터를 아예 없앨 수는 없지만, 공부방이 아닌 거실로 옮기는 것만으로도 도움이 된다.

조용한 환경이 물론 좋지만 그렇다고 소리 하나 들리지 않는 환경은 도리어 기분이 가라앉지 않아 능률이 오르지 않는다. 사실 밖에서 들려오는 자동차 소리 때문이 아니라, *TV*나 가족 간에 소곤대는 소리 때문에 더 공부가 되지 않는 것이다. 즉, 의미 없는 소리에는 무관심하지만 의미 있는 소리는 크든 작든 주의를 끌어 공부에 집중하는 것을 방해한다. 그렇다고 집에서 공부할 때는 가족들에게 입도 뻥긋하지 말라고 할 수도 없는 노릇이다. 가족들의 대화 소리나 텔레비전, 라디오 소리가 들리면 차라리 공부방에 음악을 틀어 놓자. 이때 음악은 잡음을 중화시키는 역할을 한다. 될 수 있으면 가사가 없는 음악을 듣는 것이 좋지만 선호하는 장르가 클래식이라면 팝송을 듣는 등 취미가 다른 장르로 선택해야 한다. 그러나 집중하면 사실 음악 소리도 들리지 않게 된다. 잡음이 들리는 것은 집중하지 못한다는 증거다.

어차피 야간 자율학습 끝나고 집에 오는 시간은 식구들이 대화를 나누거나 텔레비전을 보고 있을 시간이 아니다. 그러므로 이런저런 핑계만 되지 말고 집에서 공부하는 습관을 자꾸 들여야 한다. 그렇지 않으면 도서관이나 다른 공부 장소를 찾느라 아까운 시간을 모두 버리게 될 것이다.

집에서 공부할 때는 절대 간식을 책상에 올려놓고 공부하지 마라. 선풍기를 튼다든지 잠시 라디오를 듣는다든지 해서 신경을 분산시켜서는 안 된다. 다소의 온도 변화나 배고픔, 목마름 등은 참아라. 패배자처럼 이런저런 이유만 늘어놓지 말고 이 모든 악조건에서도 이겼다는 이야기를 할 수 있어야 한다.

공부는 반드시 휴식과 운동이 필요하다 4

죽순 만들기 단계에서는 공부할 분량이 많기 때문에 공부 이외에 다른 것으로 시간을 낭비할 여유가 없다. 하지만 죽순 만들기를 하고 나서는 모든 시간을 공부에만 쏟을 필요는 없다. 공부는 단거리가 아니라 장거리 경주와도 같아서 강약을 조절해야 한다. 기나긴 기간이 지나 목표를 달성하려면 중간 중간 휴식이나 운동이 필요하다. 그렇다고 휴식과 운동을 너무 자주 가져 공부의 맥이 끊겨도 안 되는 것이다. 어떤 것이든지 적당한 게 좋다.

마감 효과를 살려라

머리가 맑을 때 공부하라든지 배가 고프거나 식사 직후에는 머리가 맑지 않다든지 하는 말에 현혹되지 마라. 무조건 책상에 앉았으면 공부를 시작하라. 오랫동안 앉아서 공부를 한 것 같은데 외운 것은 하나도 없었던 적이 있는가? 사람은 비상사태에 직면하게 되면 괴력을 발휘하기도 한다. 학습 분량을 정하면 그것을 주어진 시간 내에 끝내려고 집중력이 높아진다. 이렇듯 집중력을 높이려면 목표를 정해 놓고 공부하는 것이 좋다. 끝내야 하는 단원마다 마감 시간을 정해라. 그래도 잘 집중이 되지 않는다면 학습을 끝냈을 때 스스로에게 주는 보상을 만들어라.

이때 컴퓨터 게임 등 시간이 오래 걸리는 것들을 보상으로 주어서는 안 된다. 3시간 공부하고 한 단원이 끝나면 팔굽혀펴기를 몇 번 할 수 있다든지 비교적 시간이 많이 필요치 않은 것들을 보상으로 주어라. 팔굽혀펴기가 왜 보상이냐고 할지도 모르지만 움직이지 못하고 전습법을 하게 되면 움직이는 것 자체가 보상이다. '힘들었지만 그래도 잘 참고 했으니 팔굽혀펴기를 10번이 아니라 12번을 할 수 있게 해줄게'처럼 팔굽혀펴기도 상이 될 수 있다. 그리 대단한 보상을 아니지만 이런 식으로 보상이라는 당근이 있으면 자신을 더 채찍질 할 수 있게 된다.

일주일에 하루는 쉬어라

목표했던 분량을 그 주에 모두 끝냈다면 하루 정도는 자신을 위해 휴식을 취하는 것이 좋다. 휴식을 취한다고 아무것도 하지 말라는 것은 아니다. 언어 영역에서 필요한 책 읽기를 이 휴식 시간에 활용하면 좋다.

만약 목표를 달성하지 못했다면 휴식을 취하려고 했던 그 하루도 목표를 달성하는 데 사용하라. 항상 보상에는 대가가 따르는 법이다.

놀고 싶으면 계획을 짜서 놀아라

영화나 연극을 보거나 소설책을 읽고 싶다면 그에 따른 학습 목표 달성이 먼저 선행되어야 한다. 전 과목 회독을 끝냈을 때나 목표를 채우고 떠나는 방학 기간의 휴가, 내신시험이 끝난 후 등 미리 목표의 회독을 끝내는 계획을 세우고 그 목표를 달성했을 경우만 놀아야 한다. 절대 즉흥적으로 결정해서 놀면 안 된다. 특히 친구가 이번에 영화를 보여주고 밥도 샀으니 다음에는 내가 해야 한다는 연결 고리를 만들지 마라. 그리고 방학 중 산이나 해수욕장으로 놀러갈 때도 절대 한번에 3일 이상을 쉬면 안 된다. 3일 이상 쉬면 공부의 맥이 끊겨 더 공부하기가 싫어진다.

규칙적으로 운동을 해라

건강을 위해 규칙적으로 운동을 해라. 그렇다고 휴식과 운동을 별개로 생각하면 안 된다. 앞에서 이야기한 것처럼 운동을 공부의 보상으로 생각해라. 중간 중간 취하는 휴식이나 운동은 건강을 위해서도 필요하지만 공부의 집중력도 높여준다. 그러나 시간이 오래 걸리는 운동은 피한다. 줄넘기나 샌드백 치기 등 짧은 시간에 땀을 흘릴 수 있는 운동으로, 샤워하는 시간까지 포함해 30분 내로 끝낼 수 있는 것이 좋다. 운동을 기운이 몽땅 빠질 정도로 전념해서 한다. 운동이 부족하기 쉬운 수험생에게 이렇게 간간이 몸을 혹사시키는 것은 일석이조의 효과를 얻게 한다. 운동 후에는 심신이 피로하여 곧바로 공부할 수 없으므로, 시간 안배를 잘 해야 한다.

축구나 농구처럼 친구가 필요한 운동은 시간도 오래 걸리고 규칙적으로 할 수도 없다. 이런 운동이 꼭 하고 싶으면 즉흥적으로 결정하지 말고 미리 계획을 잘 세워야 한다. 내가 정한 시간에 할 수 없다면 부득이 그런 운동은 포기해라.

시간이 많이 드는 기분 전환은 하지 마라

공부에 열중하다 보면 간혹 기분 전환이 하고 싶어진다. 공부의 능률이 오르지 않거나 게을리 하는 구실로 기분 전환을 핑계 삼지 마라. 물론 공부하다 쌓인 스트레스는 풀어야 한다. 스트레스를 따로 풀려고 하지 말고 공부를 하면서 풀어라. 목마름을 참고 목표한 단원을 끝내면 시원하게 물 한 잔 먹을 자격을 주면서 스트레스를 풀 수도 있다. 스트레스가 쌓인다고 친구들과 잡담하는 것은 안 된다. 기분 전환을 다른 사람과의 관계 속에서 하려고 하지 말고 산책을 하는 능 혼자서 해결해라.

컴퓨터 게임이나 축구 등 시간이 많이 허비되는 기분 전환은 더더구나 해서는 안 된다. 기분 전환 자체가 나쁘다는 것은 아니다. 능률적인 학습을 위해서는 기분 전환은 꼭 필요하다. 기분 전환한다고 해서 머리를 쓰지 않는 것은 아니다. 머리는 쉬지 않고 움직인다. 잠을 잘 때도 공부를 하지 않을 때도 머리는 쉼 없이 무언가를 생각한다. 휴식을 취하거나 기분 전환을 하면서 다른 방식으로 공부를 하면 된다. 예를 들어, 산책을 하면서 잘 풀리지 않는 문제를 해결하는 방법을 생각해 보는 식으로 말이다.

잠은 충분히 자라

수험 생활에서 가장 큰 적은 바로 잠이다. 사람은 나이가 들수록 잠이 없어지는데, 조금만 자도 피로가 풀리기 때문이다. 청소년기에는 신진대사가 활발하여 어른들보다 잠을 더 많이 자야 피로가 풀린다. 피곤이 누적되어 머리가 멍한 상태로 계속 공부하면 능률은 오르지 않는다. 간혹 수험생 중에는 하루 종일 자는 것이 꿈인 학생이 있다. 한꺼번에 많이 잔다고 피로가 풀리는 것은 아니며 오히려, 많이 자면 중독의 우려가 있다.

잠자는 동안 머리는 한정된 저장 용량에서 버릴 것과 보관할 것을 분리하는 작업을 한다. 밤 새워 시험 공부를 한 뒷날 오히려 머리가 멍해져서 더 시험을 망쳤다는 이야기를 듣지 않았는가?

죽순 만들기 단계가 끝나면 최소한 하루 6~7시간은 잠을 자야 한다. 그래야 머리가 맑아 수업시간을 제대로 활용할 수 있다. 대신 깨어 있는 시간을 잘 활용해야 한다. 흔히 독서실에서 새벽 2~3시까지 공부하고 다음날 온종일 잠을 잘 때가 있는데 매우 한심한 방법이다. 돈을

지불했기 때문에 아까워서라도 독서실에서는 늦게까지 공부하게 된다. 늦어도 새벽 1~2시 전에는 반드시 잠을 자야 다음날 낮 시간을 효율적으로 보낼 수 있다. 낮잠은 10분 이내로 두 번 정도 나눠서 자면 맑은 정신을 유지하는 데 큰 도움이 되지만 안자도 된다면 버텨라.

좀 일찍 자고 일찍 일어나 아침을 먹고 학교에 가라. 아침을 먹지 않으면 대뇌 활동에 필요한 영양소가 부족하여 공부하는 데 지장이 있다. 잠을 덜 자고 공부하는 것보다 깨어 있는 시간을 효율적으로 이용하는 것이 더 좋다. 잠을 충분히 잤는데도 졸리는 것은 마음속의 중압감으로 잠을 깊게 자지 못했기 때문이다. 휴식을 취해도 잠이 계속 오고 집중력이 떨어지면 큰 소리로 책을 읽거나 여의치 않다면 쓰면서 공부하라.

란이, 서울대 가다

많은 학생들이 목표를 높게 잡는 것에 주저한다. 첫째, 사람은 자의든 타의든 항상 자신의 할 수 있는 경계라는 것을 만들고 살기 때문이다. 둘째, 현재 자신의 위치와 비교하여 목표를 높게 잡으면 남들이 비웃을까봐서다. 셋째, 목표를 높게 잡으면 그에 맞는 노력을 하여야 하는데 그것이 어려울 것 같아서다.

보통 학생들은 목표가 높으면 좋다는 것을 알면서도 남의 시선이나 어려움을 피하기 위해서 높게 목표를 설정하는 것을 피하려 한다. 그런 학생들은 대체로 두 번째나 세 번째의 이유로 높은 목표 설정을 피한다. 그런데 간혹 자신의 한계를 깨는 말 한 마디에 인생이 달라지는 경우가 있다.

란이는 그림을 잘 그리는 아이로 오랫동안 수학을 나와 함께 한 아이라서 수학도 곧잘 하는 아이다. 고2가 되어서 진로상담을 하다가 보니 란이는 홍익대학교 미대 등을 고려하고 있었다. 그래서 왜 서울대를 고려하지 않느냐고 물었더니

"제가 어떻게 서울대를 가요?"

라고 한다. 그래서 필자가 다시 물었다.

"서울대 가는 아이가 정해져 있을까? 그럼 잘 그리고 수학 잘하는 너 같은 아이가 서울대를 가지 않으면 도대체 어떤 아이들이 서울대에 간다는 말이야?"

보통 예체능을 목표로 하는 아이들은 실기에 주력한다. 그래서 오히려 공부를 더 못하게 되고 낮은 성적에 더 의기소침해져서 결국 좋은 대학을 포기하게 된다고 말해주었다. 그리고 덧붙여 다음과 같이 물었다.

"홍익대 미대와 서울대 미대 중에 어느 쪽이 그림을 더 잘 그릴 것 같니? 그리고 또 어느 쪽이 공부를 잘할 것 같니?"

그러자 란이는 '아하' 하는 표정으로 대답했다.

"홍대 미대나 서울대 미대나 실기 면에서는 비슷할 것 같지만 공부는 확실히 서울대가 잘할 것 같네요. 아, 무슨 말인지 알 것 같아요."

"'그림을 잘 그리는 아이 중에 너만큼 수학을 하는 아이가 많을 것 같니? 사실 수학을 잘하면 내신관리가 어렵지 않잖아.'"

아마도 2년 전에 란이 오빠를 한양대에 보냈는데 이것이 아이의 신뢰에 영향을 미쳤는지도 모르겠다. 그렇게 해서 란이는 목표를 서울대로 바꾸게 되었고, 실기를 주력으로 하려던 계획을 바꿔서 오히려 공부를 더 하게 되었다. 란이는 공부와 미술실기라는 두 마리의 토끼를 잡

기 위해 1년 동안 많은 고생을 하였다. 7명 중에 4명을 뽑는 최종면접에 들어갔고 결국 서울대에 합격하게 되었다. 늙으면 주책이라더니 란이의 울먹이는 목소리에 나도 눈물이 났다.

이 글을 쓰는 오늘도 작곡가를 꿈꾸는 고등학교 2학년 호범 아이와 진로상담을 하였다. 서울예대를 생각하고 있기에 란이 이야기를 하며 서울대 작곡과로 목표를 바꾸기로 하였다. 다음 주에 서울대 입학전형 서류를 인쇄하여 보면서 다시 전략을 얘기하자고 하였다.

현재 미적분 10번 끝내고 확률과 통계를 6번째 하고 있느니 가능성은 충분해 보인다. 설사 이 글을 읽는 여러분도 꿈이 이루어지지 않을지도 모른다 해서 꿈을 낮추는 어리석은 일은 하지 말았으면 한다.

자기의 능력이나 실력을 생각하지 않고 단숨에
몇 계단을 뛰어 올라가려는 사람은 성공하지 못한다

_데일 카네기

5장

대학을 결정하는 수학과 영어 공략법

고3 수학은 전습법을 병행하라

1

2시간 이하의 짜투리 시간에는 수학을 공부하라

대표적인 분습법 과제인 수학은 시간과 재료를 잘게 나눠서 자주 풀면 좋다. 따라서 전습법으로 공부할 수 없는 2시간 이하의 시간에는 모두 수학을 공부한다. 물론 전습법을 시행하기 전이라면 수업시간 이외에는 모두 수학을 공부해야하는 것이 맞다. 수학은 고등학교 전체 공부 분량의 80%이다. 그렇기 때문에 전습법으로 6개월 만에 모두 끝낼 수 있느냐 없느냐의 관건도 수학에 달려있다. 그런데 짜투리 시간은 오히려 집중하기가 더 좋다. 등하교 시간은 물론 화장실 가는 시간, 쉬는 시간, 점심 시간, 식사 대기 시간, 자습 시간 등을 최대한 활용하여 수학 문제를 풀어라. 자리에 앉아 있지 않은 때도 문제를 외우면서 돌아다니며 시간을 활용할 수 있다.

이 시간들은 대체로 시끄럽다. 사람은 혼자 있을 때보다 사람들 속에서 더 외로움을 느낀다고 한다. 시끄러워서 못할 것 같지만 자신의 내면으로 더 깊게 들어갈 수 있어 짧은 시간에도 효율적으로 공부할 수 있게 된다.

보통 수능에서 수학은 3권을 다루게 된다. 1학년에서 처음 수학을 하루에 30~40문항씩 풀기 시작해야 한다. 그러면 진도가 빨라져도 1학년 수학을 10번씩 풀게 된다. 2학년과 3학년에서는 처음 푸는 속도가 1학년 보다는 훨씬 빨라졌기에, 처음 잡는 수학책이라도 50~60문항씩은 풀어야하고 교재 역시 150쪽 안팎의 분량이 되는 책으로 골라야 한다.

고등학교 3학년이라면 전습법을 병행하라

수학이 어느 정도 되지 않는다면 전습법은 시행하기도 어렵지만 해서도 안 된다. 물론 고3이라면 어쩔 수없이 수학과 전습법을 동시에 진행하여야 하기에 죽음의 레이스가 될 것이다. 따라서 고3이 되기 전에 수단과 방법을 가리지 말고 수학을 끝내야 한다. 조금이라도 남는 시간이 생기면 전부 수학에 시간을 할애해야 할 것이다. 다른 사람이 보기에는 매일 수학만 풀고 있는 것처럼 보이거나 선생님한테 수학만 풀지 말라는 충고 아닌 충고를 들을 수도 있다. 이 과정은 수능시험 전까지 계속해야 한다.

반드시 부족한 부분을 채워라 2

다른 과목과 달리 수학은 무조건 열심히 한다고 되는 과목이 아니다. 부족한 부분은 반드시 채워야 한다. 수학에서 대체로 부족하기 쉬운 부분은 다음과 같다.

첫째, 분수가 부족하기 쉽다

학생 수준에 따라 어느 정도 차이는 있지만 대개 분수에서 부족한 부분을 조금씩 갖고 있다. 그 정도로 분수에서 파생되는 개념은 알면 알수록 심오하다. 인문계 고등학교에 입학할 실력이면 최소한 기본 사칙연산 정도는 알 것이므로 별도로 분수만 풀 필요는 없다. 다만 항상 빠르고 정확하게 풀려고 노력하면서 모든 수학 문제에서 분수의 의미를 한번쯤 되새겨야 할 것이다.

둘째, 인수분해가 부족하기 쉽다

고등학생들 절반 이상은 인수분해를 잘못한다. 아예 초반에 포기한 학생도 많다. 이차 인수분해를 눈으로 풀 정도로 실력을 쌓지 않으면 고등학교 수학 문제는 풀기 힘들다. 인수분해가 안 되면 이차 방정식도 안 되고, 이차 방정식이 안 되면 함수도 안 된다. 또 인수분해가 잘되지 않으면 문제를 푸는 시간이 길어진다. 고등학교 2학년 때까지 계속 풀어야 3학년 때 겨우 속도가 나오는데, 이것은 엄청난 시간을 낭비했다는 말이 된다. 그렇다고 중학교 3학년으로 돌아가서 인수분해를 다시 공부할 수도 없는 노릇이다. 이때는 인수분해 문제를 10~20개 정도 선정한 뒤 매일 수학 공부를 하기 전에 가벼운 몸풀기 수준으로 풀어보는 것도 좋은 방법이다.

셋째, 함수가 부족하기 쉽다

고등학교 수학의 90%를 차지하는 대수는 크게 방정식과 함수로 나눌 수 있다. 중학교 때까지 수학을 잘했는데 고등학교에 올라와 어렵게 느껴진다면 우선 함수 부족을 의심해 봐야 한다. 중학교 수학책에서 함수는 중요도에 비해 다루는 분량도 적고 시험에도 많이 나오지 않았다. 그래서 함수를 살 못해도 큰 문제가 없었던 것이다. 하지만 고등학교에 올라가면 중학교 때 함수를 확실하게 이해했다는 전제 아래 이차함수, 합성함수, 역함수, 삼차함수, 유리함수, 무리함수, 지수함수, 로그함수, 삼각함수, 함수의 극한과 연속, 도함수, 미적분 등 다양한 함수를 배운다.

또 방정식에서도 직선과 원, 타원 등의 곡선이 수시로 튀어나와 함수를 잘 모르는 학생들을 괴롭힌다. 자칫 부족함에도 불구하고 함수를 잘 안다고 생각하는 학생들도 많은데, 그런 학생이라면 예를 들어 $f(x)$가 무엇인지에 대해서 답해보라. 소위 잘 한다는 학생들조차 십중팔구는 '$f(x)$는 함수요 아니면 y요'라는 대답 외에는 거의 나오지 않는 것을 볼 수 있다. $f(x)$는 'x에 대한 함숫값'으로 보여야 비로소 $f(x)=0$이 x에 대한 함숫값이 0이 되는 의 값이라는 방정식이 보이게 된다.

이런 것이 보여야 비로소 함수는 방정식이나 부등식 등이 가시적으로 의미 있게 다가오게 된다. 따라서 함수를 잘하려면 직접 그래프를 많이 그려봐야 하지만 먼저 함수의 개념부터 잡아야 한다. 이것을 안다면 나머지 부족부분은 직접 그래프를 그려보지 않은 게으름 때문이다. 방정식이나 관계식만 보고도 머릿속에 그래프가 떠오를 정도가 되어야 문제가 요구하는 바를 풀지 않아도 알 수 있게 된다. 방정식과 함수가 모두 잘되면 자연스럽게 하나로 통합된다. 방정식과 함수가 하나처럼 느껴지는지 스스로에게 물어봐라.

넷째, 도형 부분이 부족하기 쉽다

초등학교나 중학교 연산은 숫자만으로도 쉽게 풀지만 도형은 문제를 꼼꼼하게 살펴보고 풀어야 했다. 그래서 점점 도형에는 소홀해졌고, 도형 문제는 어렵다고 막연하게 생각하게 되었다. 하지만 조금만 공부해도 도형에서 부족한 부분은 금방 만회할 수 있다. 중학교 수학 책에서 도형을 며칠만 풀어도 금세 자신감이 회복된다.

도형을 공부하는 방법을 원을 예로 들어 설명하겠다.

① 원과 관련된 용어, 즉 원의 정의, 지름, 반지름, 원주, 호, 현, 활꼴, 부채꼴 등의 개념을 먼저 잡는다.
② 원이나 부채꼴의 넓이, 원주나 호의 길이를 구할 수 있어야 한다.
③ 원의 방정식을 구분할 수 있어야 한다. 그리고 원은 왜 좌표 평면에서 사용하는데도 함수라고 하지 않는지도 알아야 한다. 또 보조선을 사용하여 직각삼각형을 만드는 경우들을 정리하고 있어야 한다.
④ 원은 독자적으로 사용하지 않는다. 또 다른 원이나 직선, 삼각형, 사각형, 이차곡선들과 만날 때 위치 관계나 넓이도 조합해 보아야 한다. 여기서 생기는 공통현, 공통현의 방정식, 접선과 접선이 반지름과 어떻게 만나는지도 알아야 한다.

도형 문제 중에는 개념을 정확히 알면 의외로 간단한 문제가 많다. 문제가 길어지면 학생들이 겁부터 먹는 것을 알기에 출제위원들이 그런 식으로 문제를 내는 것이다. 수학에서 부족한 부분을 확실하게 이해했는데도 여전히 어렵게 느껴진다면 용어나 개념 정리가 잘 되었는지 확인해 본다.

개념을 이해하고 빠르기를 선행하라

문제를 보고도 식의 의미를 모르는 학생들

수학 문제를 풀 때 학생들이 가장 당혹스러운 것은 도대체 무엇을 풀라는지 잘 모르겠다는 점이다. 대부분 식의 의미를 모르기 때문이다. 그래서 무엇을 풀어야 하는지 알려주면 의외로 문제를 잘 푼다. 또 하나는 용어의 개념이 안 잡혀 있어서다. 용어의 개념을 알려주는 선생님도 별로 없고 스스로 이해하려고 노력하는 학생도 없기 때문이다. 선생님도 학생도 문제를 푸는 기술만 배우는 데 시간을 투자했기 때문에 어쩌면 당연한 결과인지도 모른다. 그래서 용어를 보기는 했지만 그 뜻을 정확하게 아는 사람은 드물다. 예를 들어, 나누기란? 방정식이란? 함수란? 집합은 뭐고 왜 단원에 처음에 나오는지 등 근원적인 질문을 고민하고 해결하려고 노력하지 않는다.

이 문제를 해결하려면 수학 문제를 눈으로 훑듯이 보고 문제만 풀지 말고 개념을 이해하려는 노력을 해야 한다. 문제에서 요구하는 것이 무엇인지 알려면 개념을 먼저 확실하게 잡아야 한다.

예를 들어, '$y=0$'이 왜 x축을 나타내는 직선인지, 직선과 이차곡선이 만날 때 왜 그 공식을 대입해야 하는지를 먼저 알아야 한다. 원래 개념은 쉽다. 그래서 문제가 쉬울 때에는 개념이 크게 문제되지 않았다. 그러나 문제가 어려워질수록 쉬운 개념 때문에 문제 풀기가 어려워진다. 막연하게 이런 문제는 이렇게 풀면 되더라는 식으로 기술만 익히기 때문이다. 그러나 학생들 대부분 기초는 확실하게 쌓지 않고 무조건 어려운 문제만 풀려고 한다. 개념을 모르기 때문에 문제를 풀어놓고도 왜 맞았는지 설명할 자신이 없다. 그래서 누군가가 틀렸다고 해도 소신대로 우길 수도 없다.

빠르기를 고민하라

수학 문제를 푸는 속도 때문에 고민하는 학생이 의외로 많다. 조금이라도 속도를 빨리 하고 싶다면 분수의 셈, 인수분해 등의 빠르기를 고민해야 한다. 그리고 1학년에서는 이차식을 빠르게 할 수 있도록 판별식, 근과 계수와의 관계, 절대부등식, 근의 분리라는 4개를 정확하게 잡아야 한다.

그 밖에도 수열, 점화식, 지수로그의 개념을 잡고 다시 별도로 빨리 푸는 기술을 습득해야 한다. 아무리 바빠도 바늘을 허리에 매어 쓸 수는 없다.

기하와 벡터I을 공부한다면 중학교 2학년 수학책에서 닮음비와 3학년 수학책에서 원과 비례 부분을 정리할 필요가 있다. 경우의 수나 정사영 문제가 막힌다면 중학교 2학년 수학책에서 확률 부분이나 닮음 단원을 먼저 공부해라.

자신에게 부족한 부분이 무엇인지 냉정하게 파악하여 부족한 부분을 메꾸는 작업이 수학 공부의 출발점이다.

부족한 부분을 채운 이후의 수학 공부법 4

부족한 부분을 채운 뒤 수학을 공부할 때 내용에 따라 학습법은 다음 두 가지로 압축된다.

첫째, 같은 문제를 여러 번 풀어서 빨라질 때까지 하라

보통 쉬운 문제는 많이 풀어 보지만 좀 더 빨리 풀 수 있도록 연구하거나 암산하는 것으로 발전하는 것을 주저하는 경우가 있다. 쉬운 문제에도 개념이 숨어있어서 정확하게 알아야하는 과정이 선행이 되어야겠지만, 개념을 알았다면 더 빨리 푸는 방법을 고민해야 한다. 쉬운 문제란 기계적으로 암기하여 푸는 문제이거나 어느 정도 유형화되어 풀이법 자체가 몸에 익은 문제들이다.

예를 들어, 이차함수를 보고 머릿속에 개형을 그리거나 조건을 만족하는 자취를 (x, y)로 놓고 관계식을 만들어내는 자취의 방정식 같은 문제가 그것이다. 이런 문제는 기초만 있다면 어렵지 않게 풀 수 있다. 머릿속에 저장된 순서대로 기억이 난다고 하지만, 저장된 순서에 상관없이 언제든지 꺼내 쓸 수 있을 때까지 연습을 해야 한다. 쉬운 부분이라고 소홀히 대하면 이것 때문에 나중에 혼쭐이 날 수 있다는 것을 명심하라.

실제 수능시험에서도 2~3점의 쉬운 문제는 20분, 결국 마지막 2~3문제를 제외한 나머지 전부를 50~60분 내로 다 풀어야 한다. 그래서 2~3개의 문제를 남은 40~50분을 모두 사용할 채비를 해야 한다. 어려운 문제를 풀 때는 누구나 시간이 걸린다. 그래서 될 수 있으면 쉬운 문제를 푸는 데 시간을 허비하지 말아야 한다. 그렇지 않으면 높은 점수를 받기 힘들다. 어떤 문제집이든 상관없이 한 권을 여러 번 보아야 한다. 단순히 정의나 공식 등을 그냥 외우고 넘어가지 말고 그것이 의미하는 것이 무엇인지 알아야 하고, 개념을 정확하게 이해해야 수학적 기초를 튼튼하게 쌓을 수 있다. 그래서 최종적으로는 풀었다가 아니라 빨리 풀 수 있어야 비로소 실력이 있다고 할 수 있는 것이다.

특히 1학년 수학에서 인수분해나 함수는 많이 연습해야 하는데, 이때도 개념을 먼저 정리하고 문제를 풀어야 문제 풀이 과정을 확실하게 이해할 수 있다. 예를 들어, 방정식이란 '두 함수의 그래프의 교점의 x 좌표'라는 것을 외우기만 하고 함수의 개념을 이해하지 못한다면, 대입 문제에서 어려워 할 것이다. 또한 '$(X-2)(X-3)$에서 X의 값은?'이라는 문제가 있을 때 $X=2$ 또는 $X=3$이라는 답이 나왔다면 역시 개념은 정립

하지 않고 문제 푸는 기술만 습득한 사람이다. 모르는 수에서 2나 3을 빼고 곱해서 미지수를 구할 수는 없다. 이것은 두 수의 곱이 '0'이 될 때를 생각하지 않고 문제만 푼 것이다.

방정식을 풀 때는 일차방정식은 근이 한 개, 이차방정식은 근이 두 개, 삼차방정식은 근이 세 개라는 것과, 미지수의 개수와 식의 개수가 같다는 것을 알아야 한다. 미지수보다 식의 개수가 적다면 부정방정식으로 풀거나 비례를 적용하거나 다른 특수한 방정식으로 풀어야 한다는 사실을 알아야 한다.

공식은 따로 외우지 말고 증명을 해 문제를 푸는 과정에서 자연스럽게 외워지는 것이 좋다. 단순한 공식이든 복잡한 공식이든 따로 외우려고 하면 잘 외워지지도 않고, 장기적으로는 외워도 금방 잊어버린다. 반면, 증명을 하는 과정에서 자연스럽게 외운 공식은 잘 잊혀지지 않으며, 문제를 풀면서 공식을 다시 떠올릴 수도 있다. 부득이 외워야 하는 경우도 있지만 수학의 공식은 수능 때까지 10개 이내로 제한해야 한다. 나머지는 공식 없이도 풀 수 있는 상태로 만들고 공식 없어도 풀 수는 있지만 공식이 생각나서 그것으로 풀었다면 공식의 사용을 허락한다.

근의 공식을 알고 있는가? 근의 공식을 유도할 수 있는지의 여부는 다음 과정에까시 영향을 미친다. 근의 공식을 유도히는 과정에서 허수와 켤레복소수가 생겨나고 판별식의 의미를 알게 된다. 또 두 수의 합이 0이 되는 과정에서 무리수나 복소수의 상등조건이 형성된다. 항등식의 성질 등의 문제를 잘 풀 수 있느냐 없느냐는 머릿속에 얼마나 개념이 잘 정립되어 있느냐에 따라 달라진다.

등차수열의 일반항과 합의 공식을 외우는 것만으로는 부족하다. 공식을 유도해 보고, 등차란의 수가 더하기임을 알아야 한다. 그래서 공식 자체를 변형하면서 풀어야 한다. 또한 수열을 함수로 인식하고 등차수열은 직선, 보아 공차는 직선의 기울기로 본다든가하는 기술들을 간과해서는 안 된다. 개념을 익히고 최종적으로는 빨리 풀어야 하기 때문에 필요한 기술들을 익히는데 주저해서는 안 된다. 등비수열도 마찬가지다. 같은 수의 곱이니 거듭제곱꼴과 지수의 합이 곱이 되는지 변형해 본다. 그 밖에 시그마, 인테그랄 등은 모두 합을 나타내므로 합을 압축할 수 있는 것은 곱밖에 없다는 점을 알아야 한다.

계수가 문자인 이차방정식의 인수분해는 잘 되는지, 크기를 비교하는 방법에는 어떤 것이 있는지, 분수가 가장 큰 수나 작은 수가 되려면 분모나 분자가 어떻게 되는지 등 평소에도 항상 의문을 갖고 연구해야 한다. 대부분의 학생들이 정답을 맞춘 문제는 다시 한 번 점검하지 않고 그냥 지나치는데, 그렇게 방심하다가 꼭 시험장에 가서 필요 없이 원리를 점검하는 학생이 있다.

시간이 오래 걸리는 개념은 평소에 연구해야 한다. 항상 의문을 가진 채 문제를 풀어 보고, 모르면 알 때까지 노력해라. 누차 이야기하지만, 개념이 제대로 정립되지 않으면 문제가 복잡하고 난이도가 높아질수록 당황하게 되어 문제가 요구하는 바를 알아차리지 못해 문제를 풀 수가 없다. 그래서 학교 시험은 잘 보는데 외부 시험에는 약한 것이다. 상위권 학생들이 높은 점수를 받는 것은 다 이런 이유에서다. 70~80점대 학생들의 문제를 푸는 기술 수준은 상위권 학생들과 별 차이가 없다.

기본 개념이나 원리를 확실하게 알았다면 이제 반복해서 학습하면 된다. 반복함으로써 잘 이해되지 않던 부분도 확실하게 알게 되고 부족한 부분도 다시 보충할 수 있다. 이렇게 해야 발전할 수 있다.

둘째, 원리를 깊이 생각하라

수학을 공부하는 두 개의 축이 있다. 하나는 앞서 말한 대로 빨리 푸는 것이다. 또 하나는 깊이 있게 하는 것이다. 아는 문제는 빨리 푸는 방법에 대해서 고민하고, 어려운 문제는 시간이 걸리더라도 확실하게 알 때까지 고민해야 한다. 따라서 문제마다 다르게 접근해야 하는데, 이런 분류를 하지 않고 문제마다 같은 속도를 원하기에 오류가 발생한다. 흔히 문제에서 요구하는 바가 무엇인지, 어떤 개념을 사용해야 하는지, 어떤 식으로 접근해야 하는지 잘 모를 때 문제가 어렵다고 느끼게 된다. 새로운 유형도 이런 문제 중 하나다. 이 문제를 어떤 식으로 접근해야 할지 알아내는 것이 상위권 실력으로 도약하는 발판이 된다.

열심히 하고도 3등급을 벗어나지 못하는 학생들은 어려운 4점 문제 3~4개를 제외하고 모두 틀린 것이며, 공부 방법에 큰 문제가 있는데 이를 인식하지 못하기 때문이다.

보통 어려운 문제를 접하면 답부터 보지 말라는 말을 많이 한다. 스스로 고민하고 여러 번 생각해서 풀어야 완전히 자신의 것으로 소화할 수 있으며 머릿속에서도 오랫동안 기억이 유지된다. 당장 답을 알기 위해 깊이 생각하지 않고 바로 해답을 보면 그 당시에는 문제를 풀 수 있어도 다시 비슷한 종류의 문제를 접하면 손도 못된다. 이런 식으로 눈앞의 이익에만 급급하면 더는 발전을 기대하기 어렵다.

개념을 익히는 과정에서는 반복의 횟수를 고려해야지 무조건 깊이 생각만 하라고 할 수는 없다. 머릿속에 든 것이 없는데 생각만 하라고 하면 무엇을 할 것인가? 하지만 1~2학년에서 반복의 횟수를 채웠다면, 고 3학년이 되면 어려운 한 문제마다 깊은 생각을 해야 하는 것이 맞다. 수학 문제의 답은 하나지만 그 답을 유추해내는 방법은 여러 가지다. 처음에는 답을 유추해낼 때까지 시간도 오래 걸리고 사용하는 개념이나 공식도 많지만, 자꾸 반복하다 보면 답을 유추해낼 수 있는 빠른 방법을 발견할 수 있다. 지름길이 있는데 돌아가는 방법을 사용하는 사람이 있을까? 그래서 보통은 답이 나오면 더는 생각하지 않는 것이다. 지금 문제를 풀었던 방법보다 더 빨리 풀 수 있는 방법이 분명 있을 것이다. 만약 공식으로 문제를 풀었다면 다음에는 공식 없이 문제를 풀어서 다른 방법을 모색해 본다. 그래서 공식을 잊어버려도 문제를 풀 수 있게 만들어야 한다.

잘 모르는 문제를 접하면 처음부터 풀려고 하지 말고 어떤 방식으로 풀면 좋을지 열심히 머릿속으로 생각해 본다. 그런데 문제를 풀다 보면 왠지 풀릴 듯하면서도 잘 안 풀리는 문제가 있다. 이런 문제는 해답지를 보지 말고 머릿속에 기억해 두었다가 나중에 다시 풀어 보는 것도 좋은 방법이다.

　문제는 아무리 고민해 봐도 전혀 감이 안 잡히는 문제다. 7~10회독 이하의 과정에서는 그 문제 하나에 시간을 허비할 수는 없다. 이럴 때는 해답지를 보는 게 좋다. 그런데 그냥 '답이 이렇게 나왔구나' 하고 단순하게 넘어가지 말고 반드시 왜 이런 과정을 걸쳐 답이 나왔는지 고민해 봐야 한다. 또 해답지와 다른 방법으로 문제를 풀어보는 것도 좋다.

　어떤 문제는 해답지를 봐도 의문이 명쾌하게 풀리지 않고 오히려 더 절망하게 만든다. '이런 단계까지 생각해야 한단 말이야', '과연 이 문제를 다시 접했을 때 풀 수 있을까?', '나는 이런 문제는 절대 못풀어'라는 생각만 자꾸 든다. 이런 문제는 너무 특이해서 수능시험에 나오지 않을 것이며, 시간이 오래 걸려 이해하려고 노력하는 것은 시간 낭비라고 말한다.

　수학은 대부분 특이한 것으로 보이는 것들이 중요하다. 모든 더하기 중에 하필 같은 수의 더하기를 곱하기라 한 것처럼, 수학의 모든 문제는 특수한 경우이다. 또 루트라는 기호를 이해하면 그동안 배운 모든 수가 루트로 표현이 가능하다는 것을 알 것이다. 이렇듯 수학에서 하나의 개념이 하나로 끝나지 않은 것처럼 어떤 어려운 문제의 해결은 그 문제로만 그치지 않는다. 즉, 그 문제를 해결함으로써 자신의 수학적 사고력과 이해력을 넓힌 것이다. 반복의 횟수를 마친 상위권이라면 시간이 얼마가 걸리든 반드시 이해하고 넘어가자. 내 사고의 전체를 넓히는 일이니만큼 절대 시간이 아깝다고 생각해서는 안 된다.

오답노트는 기본서 이후에 만들어라

　수학에서는 반드시 오답노트를 만들어야 한다. 그런데 오답노트는 기본서를 여러 번 풀고 난 뒤에 만들어야 문제가 겹치는 것을 막을 수 있다. 또한 만들어 놓고 활용하지 않는다면 의미가 없다. 오답노트에 정리한 문제는 반드시 일주일에 한 번씩은 꼭 풀자. 최소한 20번은 반복해야 한다. 비록 처음에는 이해하기 어렵더라도 자꾸 반복하다 보면 언젠가는 쉽게 느껴진다. 실제 시험에서 새로운 유형을 접하게 되어도 그동안 반복 학습으로 응용력을 높였으므로 충분히 풀 수 있을 것이다.

　10회독 이상 반복하면 시간적 여유가 생기니 어려운 문제는 가급적 해답을 보지 말고 물고 늘어지자. 깊이 생각하는 과정에서 그것과 연관된 다른 지식들도 자연스럽게 이해가 되니 기초를 튼튼하게 다지는 기회가 될 수 있다.

　그리고 친구들이 모르는 문제를 물어 보면 시간이 아깝다고 생각하지 말고 친구가 이해할 때까지 몇 번이고 반복해서 설명해 주어라. 이때 가급적이면 쉽게 설명을 하고, 문제가 어렵다면 고민해서 알려주어라. 어느새 실력이 월등히 향상된 것을 알 수 있을 것이다.

영어회화는 직접 반복법으로!

6

이어폰족을 위한 영어회화

영어회화는 공부 잘하는 아이와 격차를 좁히기 가장 어려운 부분이다. 똑같이 만점을 받았다 해도 나중에 대학에 가서 외국인 교수와 자유롭게 토론하는 사람과는 실력 면에서 큰 차이가 있다. 조기 교육이 절실히 필요한 부분이 바로 영어회화다. 하지만 수능시험이라는 관문만 생각한다면 영어듣기도 방법이 있다.

앞에서 말한 대로 영어는 회화와 독해, 두 파트로 나눠서 공부해야 한다. 독해와 달리 회화는 수학처럼 몸에 체화되는 과정이 필요하다. 몸에 체화하기 위해서는 끊임없는 반복이 필요함은 두말할 나위가 없다. 귀가 트일 때까지는 어떤 성과도 나타나지 않으며, 긴 기간을 견디다 못해 도중에 그만두기도 한다. 이 고통스러운 시간을 보낸 사람들은 다음과 같이 저마다 한 마디씩 한다.

"녹음기 3개는 부술 각오로 덤벼라. 녹음기 하나 고장내지 않고 회화 공부를 하겠다는 것은 말이 안 된다.", "날마다 꾸준히 하는 게 가장 좋은 방법이다.", "*AFKN*을 매일 2~3시간 씩 집중해서 6개월간 보았더니 차츰 들리기 시작하더라."

결국 회화는 잘 하는 비결은 많이 듣는 길밖에 없음을 알 수 있다. 이처럼 오랫동안 듣고 말하는데 모든 시간을 쏟아야 한다. 그만큼 단기간에 끝내기 어려우므로, 늦어도 중학교 때부터는 준비해야 한다.

회화를 잘하기까지 시간도 오래 걸리고 힘들다고 해서 손을 놓을 수도 없는 일이다. 회화 자체가 목적이라면 미국 드라마나 아리랑 방송 등을 보면서 꾸준히 공부하면 된다. 하지만 수능시험은 미국의 초등학교 5학년에서 중 2 정도면 너끈히 풀 수 있는 수준이고, 자주 나오는 표현들이 많다. 수능만을 위한 영어회화 공부라면 다음 몇 가지 방법만 지켜도 영화 듣기에서 좋은 점수를 얻을 수 있다.

한 개의 테이프만 계속 들어라

중학교 때까지 듣는 연습을 게을리 했다면 듣기 평가에서 좋은 점수를 맞기는 어렵다. *Hearing*이 안 된다면 우선 수능에 반영되는 듣기 모의고사를 준비한 뒤 계속 반복해서 들어라. 듣기 모의고사 1회를 듣기 시작하였다면 완전히 들릴 때까지, 그리고 내용을 입에서 흥얼거릴 때까지 2회로 넘어가지 말고 계속 들어야 한다. 녹음된 억양과 발음 그대로 큰 소리로 천천히 또박또박 따라서 말하는 연습을 게을리 하지 말아야 한다.

영어회화는 분습법으로 공부해야 한다. 화장실이나 버스 안, 쉬는 시간 틈틈이 수시로 듣자. 이때는 주로 이어폰으로 듣지만 실제 시험장에서는 방송으로 듣기 때문에 이어폰 방식만 고집해서는 안 된다. 다소 시끄러운 곳에서도 잘 들어야 하므로 다양한 방식으로 듣기를 연습하자.

정확하게 이해하려고 노력하라

어떤 학생은 집중해서 듣지 않고 테이프만 틀어놓고 다른 볼 일을 보는데 그렇게 하면 효과가 반감된다. 들리지 않는 것을 계속 듣는다고 어느 날 갑자기 귀가 트이지는 않는다. 듣는 시간을 따로 만들어 집중해서 들으면서 입으로 반복하여 따라해야 한다. 뜻은 물론이고 동사구나 연음이 어떻게 들리는지도 항상 머릿속에 염두해 두어야 한다.

처음에는 교재의 지문을 보면서 듣는다. 이때, 속도를 조절할 수 있는 기계가 있으면 좋다. 빠른 속도로 들어도 들린다면 상관없지만, 대부분은 무슨 말을 하는지 알아듣지 못하므로 느린 속도로 정확히 들어서 익혀야 한다. 어느 정도 귀에 익숙해지면 빠른 속도로 들어라. 듣기 평가에 나오는 지문은 회화라서 암기하지 않으면 절대 들리지 않는 표현들이 있다. 이런 표현은 들리더라도 무슨 소리인지 감을 잡지 못하므로 반드시 외워야 한다.

직접반복법으로 들어라

1회 모의고사가 완전히 들리게 되면 2회 모의고사를 들어야한다. 그런데 2회만 듣는 것이 아니라 1회와 2회를 모두 들어야 한다. 주의할 점은 이처럼 '직접반복법'으로 들어야만 한다는 점을 잊어서는 안 된다. 직접반복법은 모국어의 습득방법이다.

직접반복법이란 A, $A \rightarrow B$, $A \rightarrow B \rightarrow C$, …의 식으로 이미 암기한 부분에 새로 학습할 부분을 계속 연결해 나가는 것을 말한다. 즉, 1~2회의 내용을 잊지 않도록 3회를 듣는 중에도 1~2회를 주기적으로 들어야 한다는 말이다. 물론 이런 식으로 계속 회를 늘려가면 시간을 감당하기가 어려워진다. 한 번 듣기를 할 때 배정되는 시간을 고려해야겠지만, 강제로라도 주력으로 듣는 회를 3~4번 정도 들은 뒤에는 반드시 앞부분의 회를 들어야 한다. 그렇게 하지 않으면 무수히 많이 들었다 할지라도 사람의 기억이 허망하다는 것을 느끼게 될 것이다.

경민이의 대나무학습법 성공기

다음은 고려대를 간 경민이의 수기다. 몸집이 크고 놀기를 좋아했는데, 대학에 가서는 기타를 치고 있다고 해서 무척 부러웠던 기억이 있다.

나에게 전습법을 처음 권하신 분은 조안호 선생님이다. 조안호 선생님은 초등학생 때 학습지를 하면서 알게 되었다. 고등학교 3학년에 올라가면서 전습법을 알게 되어 시작하였다. 전습법, 이 말로는 어떤 학습법인지 감이 잘 오지 않았다. 그런데 선생님 설명을 들어보니 그리 어렵지도 않을 것 같았다.

말하자면 전습법은 책 한 권을 정해서 책 내용을 달달 외울 때까지 반복해서 보는 것이다. 하지만 처음에 선생님이 전습법을 권하실 때는 무슨 이런 무식한 학습법이 있나 하고 생각했었다. 책 한 권만 열 번 이상씩, 그것도 완독을 하라니…… 처음에는 시작하지 말까

하는 생각도 했고, 내가 과연 이것을 할 수 있을까 하는 회의도 들었다. 하지만 성적이 확실히 오른다는 선생님 말씀에 밑져야 본전이라는 생각으로 시작하게 되었다. 사실 그 당시에는 학교 성적도, 모의고사 성적도 좋지 않아 지방 대학교라도 갈 수 있을지 이만저만 걱정이 아니었기 때문이다.

일단 계획표를 작성했다. A4 용지에 공부할 과목을 순서를 정해서 쓰기만 하면 계획표 작성은 끝이다. 일단 언어 교재는 고등학교 문학책으로 정하고 달랑 책 두 권으로 자습을 시작했다. 그런데 웬걸, 역시나 읽기 시작한 지 얼마 되지도 않았는데 벌써부터 지겹기 시작했다. 그리고 과연 진짜 성적이 오를까 하는 의심다. 다음 모의고사 시험에서 확인해 보자는 생각으로 지루함을 참고 무작정 읽었다.

상하권을 모두 읽는 데 걸린 시간은 약 4일, 보통 300쪽 정도의 책 한 권을 읽는데 3시간 정도 걸리는데, 4일씩이나 걸렸다는 것은 그만큼 지겨웠다는 것이다. 언어를 마친 뒤 반복한 횟수를 正자로 표시하기로 했기에 一자를 하나 그었다. 최소 正자 대여섯 개는 그려야 성적이 많이 오를 거라고 하셨기에 막막하기도 했지만 일단 시작한 거, 남자가 칼을 뽑으면 무라도 잘라야 한다는 생각으로 밀고 나갔다.

그런 식으로 모든 과목을 한 번씩 읽는 네 과목당 3~5일 정두 걸렸다. 1회독을 끝내니 약 한 달 정도가 흘렀다. 그리고 나서 2회독을 시작하였는데, 2주 반 정도가 소요되었다. '오호 이거 시간이 많이 줄어드네'라고 생각하면서 다음 회독을 시작하여 약 2주가 걸렸다. 이거 점점 책 읽는 속도가 빨라지는 것 같다. '이대로 하다 보면 성적이 많이 오르겠지' 하며 모의고사를 한 번 치렀다. 생각보다 성적은 많이 오르지 않았지만 그래도 오르긴 올랐다. 효과가 있나 보다 하면서 4회독을 시작하였다.

그런데 여기서 문제가 발생했다. 선생님이 말씀하신 대로 약간의 부작용(?)이 생기기 시작했다. 세 번쯤 읽어서 다 아는 내용이고, 다 아는 내용을 또 읽어야 하니 나도 모르게 대충대충 읽게 되고, 전습법도 소홀히 하면서 시간만 때우고 있었다. 그러다 다음 모의고사가 다가왔다. 결과는 지난 번 모의고사보다 형편없었다.

그날 많은 생각을 한 것 같다. 다 아는 내용이라고 대충 넘기지 말고 할 때 확실히 읽자. 난 천재가 아니므로, 열 번 아니 스무 번 이상은 읽어야 원하는 대학에 갈 수 있을 거라고. 그런 생각으로 4회독, 5회독, 6회독을 넘어가니 분량이 적은 것은 4시간 정도면 모두 끝났고 속도도 점점 빨라졌다. 그 뒤 성적도 점점 상승세를 타기 시작했고, 공부도 점점 재미있어졌다.

이 정도 반복하자 선생님이 말씀하신 단권화 작업을 시작해도 될 것 같았다. 선생님께 방법을 물어서 단권화 작업을 시작했다. 그렇게 많이 하지는 못했지만 그래도 책 두세 권씩은 단권화한 것 같다. 단권화한 책을 열 번 정도 반복해서 끝내자 수능시험일이 다가왔다. 여기서 결정적인 실수를 했다. 끝까지 전습법을 공부했어야 했는데, 불안한 마음에 문제집을 이것저것 들춰보면서 손에 잡히는 대로 마구 풀다가 수능시험을 봤다.

열심히 공부했는데 기대한 만큼 점수는 나오지 않았다. 그래도 다행히 가고 싶은 대학교에 수시전형으로 붙어서 지금은 마음이 편하다. 어쨌든 전습법을 실행하지 않았다면 수능시험에서 낮은 점수를 받아 수시에 붙지도 못했을 것이다.

직접 전습법을 실행하면서 느꼈던 점과 후회 등 여러 가지 실수를 적어 본다.

첫째, 전습법을 실행할 여러분들은 나와 똑같은 실수를 하지 않았으면 하는 마음에서다. 전습법으로 공부하면서 중간에 지겹다고 그만두거나 허튼 짓을 하면 절대 안 된다. 그러면 처음부터 다시 책을 읽어야 하는 쓸데없는 행동을 해야 하니 말이다.

둘째, 수능일이 다가와도 초조해 하지 말고 전습법과 단권화 작업으로 충실해진 기본서만 확실히 독파하라는 것이다. 지금에 와서 생각해 보니 이 두 가지가 가장 후회된다.

셋째, 주변의 우려에 신경쓰지 마라. 전습법을 하다 보면 주위에서 이런 말을 듣게 된다. "야! 넌 왜 국어책을 읽냐?", "왜 넌 그 책만 보냐?" 등. 이런 말에 개의치 말고 자기 할 일만 하다 보면 좋은 결과를 얻을 수 있을 것이다. 너무 횡설수설한 것 같지만 내 수기를 보고 느끼는 점이 조금이라도 있었으면 한다.

대한민국 고등학생 파이팅!

6장

공부의 벽을 넘어라

해마다 입시철만 되면 전국 수석이나 서울대 수석들의 인터뷰 기사를 신문이나 텔레비전에서 종종 볼 수 있다. 그들의 공부 방법을 보면 한결같다.

"수업시간에 선생님 말씀을 잘 들었어요."
"잠은 하루에 6~7시간씩 푹 잤어요."
"교과서를 충실히 봤어요."

이렇게 일반 수험생들과는 동떨어지는 듯한 말을 하곤 한다. 이 말을 들은 학부모나 수험생 대부분은 '내 자녀를, 또는 나도 그렇게 해야지'가 아니라 거짓말이라고 생각한다. 분명히 학원도 여러 군데 다니고 계속 과외도 했을 텐데 거짓말 한다고 약올라한다. 4당5락을 강조하는 선생님들도 그 말은 단지 보도용일 뿐이라고 일축한다.

사실 그들은 거짓말을 하는 게 아니다. 왜 텔레비전에까지 나와서 거짓말을 하겠는가? 단지 어떻게 해야 공부를 잘할 수 있는지 그들도 몰라서 그저 자신이 했던 방식을 이야기하는 것이다. 그렇다고 이 방법을 무조건 따라 하라는 말은 아니다. 그들은 단순하게 그렇게 한 것이 아니라 그 안에서 시간을 효율적으로 관리하여 체계적으로 공부를 한 것이다.

수업시간에 선생님 말씀을 잘 들었어요

"수업시간에 선생님 말씀을 잘 들었어요."

먼저 이 말부터 살펴보자. 공부를 잘하는 학생은 이미 수업 전에 예습을 끝냈기 때문에 대부분 잘 안다. 전국에서 수석까지 할 실력이면 전 과목을 처음부터 끝까지 완벽하지는 않아도 모두 끝냈을 것이다. 같은 수업을 들었다 해서 듣는 내용과 머릿속에 저장된 기억이 모두 같은 것은 아니다. 천재가 아닌 이상 듣는 대로 쏙쏙 머릿속에 저장되지 않는다. 하지만 전체적인 뼈대가 형성되고 수업 내용의 80~90%가 이미 머릿속에 정리된 상태라면 이야기는 다르다.

수업시간에 배운 내용은 아는 지식을 한 번 더 복습하는 차원일 테고 새롭게 배운 내용은 빠짐없이 머릿속에 정리된다. 혼자서 공부한 단편적인 지식들이 학교 수업을 하면서 전체적인 맥락으로 잡혀 그들에게 이 시간이 매우 유용하다. 똑같이 수업을 받고도 공부 잘하는 아이는 해당 내용이 칠판의 어느 부분에 적혀 있었는지까지 기억하는 반면, 공부 못하는 아이는 언제 선생님이 칠판에 그것을 적었는지 되물을 정도로 기억하지 못한다. 이것은 아이큐 때문이 아니다. 얼마큼 준비가 되었는지에 따라 '수업의 질'이 달라진다.

잠은 하루에 6~7시간씩 푹 잤어요

"잠은 하루에 6~7시간씩 푹 잤어요."

잠 때문에 고민하는 수험생은 이 말에 귀가 번쩍 뜨일 것이다. 청소년기는 아직 왕성하게 성장을 해야 하는 시기라서 적정 수면을 취해야 피로가 풀린다. 하지만 선생님들은 남들 잘 때 다 자고 언제 공부하느냐며 학생들을 다그친다. 선생님 말씀은 그만큼 강한 의지력을 가지라는 말이다. 그러나 필자는 잠을 충분히 자면서 공부하라고 권하고 싶다. 그 대신 잠을 자지 않은 시간을 완벽하게 활용하면 된다.

수면은 기억력에 도움을 주며 ―잠을 자면서 단기 기억이 장기 기억으로 바뀐다― 적당한 수면과 휴식이 집중력을 향상시킨다. 충분히 잠을 자지 않아 멍한 상태에서 듣는 수업은 거의 효과가 없다.

교과서를 충실히 봤어요

"교과서를 충실히 봤어요."

분명 수능시험의 출제 기준은 교과서다. 교과서는 참고서에 비해 분량도 적고, 참고서보다 원리를 더 깊이 있게 설명해 준다. 수석을 한 학생은 여러 번 참고서를 충실하게 봤기 때문에 교과서로 지식을 다시 한 번 정리할 수 있었던 것이다.

수석을 한 학생들이 공통적으로 말하는 이 세 가지는 이미 암기를 끝내고 정리 단계에 들어갔을 때의 공부방법인 것이다. 만약 전습법 효과를 본 학생이라면 굳이 설명하지 않아도 그 말의 의미를 이해했을 것이다.

또 한 가지 공통점은 지식을 깊이 있게 공부하여 어려운 문제를 해결하려고 노력하였다는 것이다. 수석을 했다고 모두 천재는 아니다. 수석 역시 노력하는 자의 몫이다.

슬럼프도 고원현상도 공부로 이겨내라

원래부터 기초가 튼튼한 우수한 학생이라면 7회독 만에 90점대의 점수를 얻을 수 있지만, 보통은 10회독은 해야 이 정도로 점수를 올릴 수 있다.

비록 대나무학습법이 짧은 기간에 실행하는 학습법이긴 하지만 공부하는 학생 입장에서 반년 넘게 공부하는 기간은 결코 짧은 게 아니다. 그 기간에 다행히 슬럼프를 겪지 않고 무난히 지나가면 좋겠지만 그게 어디 뜻대로 되는 일인가? 어차피 피해갈 수 없는 슬럼프라면 현명하게 극복하는 것이 좋다.

슬럼프의 시기는 3~5회독, 또는 7회독

대체로 슬럼프는 빠르면 3~5회독 사이에, 늦으면 7회독 정도에서 겪게 된다. 4~5회독 이후 증가하던 기억력이 7~8회독쯤에 이르면 증가가 완만하게 되는 고원 현상이 일어난다. 어떤 것이든 일정한 수준에 오르면 더는 증가 현상이 일어나지 않는다. 이런 현상은 스포츠에서 많이 발생하는데, 이 단계에서 어떻게 노력하느냐에 따라 그 다음 성패가 좌우된다. 이들이 고원 현상을 벗어날 수 있었던 것은 오로지 피나는 훈련 때문이었다. 이렇듯 슬럼프는 잘 이겨내면 다음 발전을 위한 도약이 될 수 있다. 슬럼프를 이겨내고 다시 3회독을 반복하면 기억력도 증가하고 성적도 크게 향상될 것이다.

공부가 잘될 때는 슬럼프가 없다. 이처럼 슬럼프의 원인은 자신한테 있다. 공부하는 분량은 많은데 여전히 지식의 층은 얇은 것 같고, 진도가 밀려 보충할 기회는 없으며, 열심히 하는데도 점수는 계속 제자리라면 슬금슬금 '나는 머리가 나쁜가 봐', '계속 공부해 봤자 소용이 없어'라는 생각이 고개를 내민다. 이런 생각들이 회의를 불러일으키고 슬럼프에 빠지게 만든다. 슬럼프를 극복한다고 기분 전환을 위해 이런저런 행동에 시간을 허비한다면 그 시간을 보충하는 데 처음보다 갑절의 노력이 필요하다.

슬럼프를 극복하는 방법은 전습법에 더 매진하는 것

슬럼프가 며칠 아니면 몇 달 정도면 지나갈 걸로 오해하는 학생들이 많다. 슬럼프는 그런 것이 아니다. 슬럼프를 쉬면서 자연스럽게 지나가게 하기 위해서는 3년이 걸리며 그러면 대학은 물건너 간다. 슬럼프가

와도 묵묵히 아니면 더 피나는 노력으로 자신의 자리를 지키는 것이 가장 현명한 방법이다. 이때 학습 능률이 오르지 않는다면 공부 방식을 조금 바꿔보라. 차례를 읽으며 전체적인 체계를 잡는다든지, 논점별로 정리하여 자문자답한다든지, 뒤에서부터 읽어본다든지 하는 식으로 말이다.

이를 악물고 공부하는 길 외에는 슬럼프를 극복할 방법이 없다. 책상에 버티면서 해결 방안을 찾는 것이 최선이다. 이 방법을 기억하였다가 실제로 슬럼프가 닥쳤을 때 적용해 본다면 많은 도움이 될 것이다.

슬럼프에 빠지면 전습법을 멈추고 싶은 유혹이 생겨난다. 어느 정도 기본서를 공부하였으니 이제는 좀 더 다양한 문제집을 풀고 싶을 것이다. 마음은 이해하지만 그렇다고 기본서에서 손을 떼는 것은 더 높은 성적을 받을 수 있는 기회를 스스로 포기하는 것과 같다. 정히 다른 문제집을 풀고 싶으면 먼저 기본서를 완벽하게 본 후에 보는 것이 좋다.

공부는 결국 반복이다 3

대나무는 마디마디에 생장점이 따로 있어 빨리 자라기도 하지만, 이 마디 때문에 모진 바람에도 흔들릴 뿐 절대 꺾이는 법이 없다. 한 번 기억한 내용이 오래갈 것 같지만 어느 순간 갑자기 잊어버리기도 한다. 그래서 확실하지 않은 어중간한 기억은 시간이 지나면 왜곡과 변용을 일으킨다. 회독을 늘리는 것은 지식을 체계적으로 정리하여 대나무 마디와 같은 역할을 하며, 기억이 오랫동안 유지할 수 있도록 만들어 준다.

머릿속에 저장되는 기억 곡선은 5회독 이상 반복하면 급속하게 증가하고, 7회독하면 더는 증가되지 않은 채 완만한 고원 현상을 겪다가 10회독 이상 공부하면 다시 상승하는 모양을 보인다. 그래서 10회독은 보통의 학생들이 튼튼한 기초를 쌓는 데 필요한 최소한의 반복 횟수다.

이보다 더 많이 회독을 반복하면 심리학에서 말하는 과잉 학습 상태가 된다. 뇌로 들어간 정보는 뉴런(신경세포)을 여러 번 회전시키면서 일정한 시간이 지나면 기억 흔적으로 고정된다. 이 과잉 학습은 흔들리지 않는 기억 흔적을 남기기 위한 촉매 역할을 하는 것이다.

만약 전습법을 2학년 여름방학이나 겨울방학부터 시작했다면 수능 전까지 거의 20회독 정도는 충분히 할 수 있다. 수능시험은 교과서나 교과서와 관련된 내용에서 문제가 출제된다. 문제가 전혀 엉뚱한 곳에서 출제되는 것도 아닌데 왜 점수가 잘 나오지 않는 것일까? 웬만큼 공부한 학생도 많은 문제를 틀리는 이유는 개념을 확실하게 이해하지 않아서 보기 다섯 개 중에서 꼭 한두 개가 헷갈리기 때문이다. 설사 잘 모르는 내용이라도 이미 기초를 튼튼하게 다졌기 때문에 틀린 보기만 명확하게 찾아내면 나머지 한두 개를 몰라도 얼마든지 답을 알 수 있다. 정말 머리가 나쁘지 않음에야 똑같은 내용을 10~20번 반복해서 외웠는데 조금 헷갈린다고 틀리겠는가? 머리가 나쁘다면 남보다 회독 수를 좀 더 늘리면 될 일이다.

과거 시험도 결국 반복 학습이었다

옛날에는 과거 시험에 수십 만 명이 응시하였다. 그 중 합격자는 겨우 33명뿐이었다. 바늘 구멍에 낙타가 들어가는 것보다 더 어려운 시험에 합격하기 위해 그들이 택한 학습법은 무엇일까? 바로 반복 학습이다. 대나무학습법으로 20번 반복하라면 눈이 동그래지며 놀라는 학생이 많다. 과거 시험에 합격하려고 그들은 똑같은 책을 수십, 수백 번씩 반복해서 읽었다. 동시에 여러 권을 보지 않았으며, 한 권씩 파고들면 공부했다.

예를 들어, 천자문을 보기 시작했다면 그 책이 너덜너덜하게 될 때까지 그 책만 보고 또 보았다. 조금 이해했다고 다음 과정이나 다른 책으로 넘어가지 않고 완벽하게 이해했을 때까지 계속 본 것이다. 천자문을 완벽하게 이해한 뒤에야 동몽선습, 사자소학, 시문 등을 하나씩 여러 번 정독하였다.

이처럼 공부는 한 번 봤다고 머릿속에 그대로 저장되는 것이 아니라 반복할 때마다 조금씩 쌓이는 것이다. 그런데 머리가 좋은 아이들의 공통점은 반복을 싫어한다는 것이다. 그래서 좋은 머리를 갖고서도 제 실력을 발휘하지 못하는 경우가 많다. 만약 천재가 끊임없이 반복하는 과정을 이겨낸다면 수석은 항상 천재들의 차지가 될 것이다. 다행(?)히도 머리가 좋은 사람은 반복하지 않으니 머리가 그리 좋지 않은 사람들도 그들을 이길 수 있는 기회가 있는 것이다.

전습법과 단권화 작업으로 교재를 공부하면 시간을 효율적으로 사용할 수 있고, 학습의 집중력도 증가시킬 수 있을 것이다. 학습이 과잉 상태가 될 때까지 회독 수를 늘리면 천재 여부와 관계없이 90~95점대까지는 무난히 가능하다. 수능은 대단한 머리나 실력이 필요한 시험이 아니다. 자신이 가진 잠재력을 시험장에서 충분히 빌휘할 수 있으면 된 것이다.

1등이 목표라면 '수석'을 목표로 해라

4

1등은 아무나 할 수 있는 것이 아니다. 1등을 목표로 하면 절대 1등을 할 수 없다. 1등을 하고 싶으면 목표는 수석으로 잡아야 한다. 또 수석이 하고 싶으면 목표는 수석 이상으로 잡아야 할 것이다.

항상 뿌리 깊은 패배주의가 문제다. "내가 무슨 서울대학교야. 서울대학교는 아무나 가나?" 하며 스스로 자신의 한계를 미리부터 정한다. 자신의 한계를 스스로 그어놓고 그 이상은 넘지 않는 것이다. 무엇인가를 할 때 먼저 회의부터 가지면 아무것도 이룰 수 없다. 아직도 앞날이 창창한 젊은 사람이 꿈도 없이 하루하루를 그냥 되는대로 살아간다면 그것은 개인은 물론 국가에도 낭비가 아닐 수 없다.

자신의 한계를 무엇이 정했는지 살펴보라. 현재 성적이 문제인가? 아니면 나쁜 머리 때문인가? 서울대학교나 이른바 *SKY*로 불리는 대학교에 들어간 학생은 모두 머리가 좋아야 할까? 그런데 서울대생의 20%

는 아이큐 100이 안 된다는 통계도 있다. 그리고 태어날 때부터 좋은 머리를 타고 나면 좋겠지만 그것은 내 의지로 할 수 없는 일이다. 어차 피 태어날 때는 모두 비슷비슷하다. 하지만 자라면서 그것을 어떻게 갈 고 닦느냐에 따라 달라지는 것이다. 공부는 얼마나 잘 이해하고 반복하 느냐에 따라 잘하고 못함이 결정된다.

포기하고 갈고 닦지 않으면 머리도 자라지 않는다. 공부도 마음먹기 에 달렸다. 어떤 각오로 어느 정도의 점수대를 목표하느냐가 매우 중요 한 성적 향상의 출발점이 된다. 목표가 어디냐에 따라 마음가짐이 달라 지기 때문이다. 학급에서 몇 등 안에 들겠다 등 구체적인 결심이 섰을 때 공부를 시작한다. 결심이 굳어지면 그 결심을 위해 세부적인 계획도 같이 떠오르는 법이다. 책상 앞에 차분하게 앉아서 성적 향상 목표로 공부를 시작하라. 그것을 달성하기 위한 여러 가지 방법을 구상해 보 아라.

자신에게 숨겨진 잠재 능력이 있음을 믿어 의심치 마라. 스스로 잠재 능력을 찾아냈을 때 내부에 잠자던 지혜도 싹튼다. 숨어 있는 재능과 지혜를 이끌어 낼 수 있는 출발점이 바로 자신을 믿는 마음이다. 자신 을 믿는 굳은 마음 없이 어떻게 공부해서 성공하길 바란단 말인가?

자신을 믿어라. 지금까지 공부를 못한 것은 결코 머리가 나빠서도 능 력이 없어서도 아니다. 오직 노력이 부족해서다. 공부 못하는 학생들의 원인을 조사해 보면, 실제로 공부에 관심이 없고 노력을 거의 하지 않는 것을 알 수 있다. 시간을 효율적으로 사용하여 열심히 공부한다면 서울 대학교 합격이나 전국 수석도 결코 허무맹랑한 소리가 아니다.

공부를 잘하는 것은 선택의 문제다. 스스로 공부를 잘해야겠다는 선택을 한 뒤 적절한 방법을 찾고 실천해야만 성취할 수 있다. 남들보다 뛰어나다는 지나친 생각은 교만이지만, 서울대학교나 전국 수석을 목표로 남들을 앞지를 수 있다는 생각은 야망이다. 야망을 가져라. 그래야 꿈을 이룰 수 있다.

최대의 벽, 90점대를 넘겨라

공부를 하면서 뛰어넘어야 할 최대의 점수의 벽은 90점이다. 이 점수를 얻기 위한 방법은 끊임없는 반복밖에 없다. 그러나 90점대 이상을 얻으려면 지금까지와는 다른 학습법을 병행해야 한다. 한 학교에서 90점 이상을 맞는 학생은 드문 편이다. 또 이들은 고등학교 내내 성적도 고른 편이다. 90점 이상의 고득점을 받으려면 튼튼한 기초를 바탕으로 깊이 있게 공부해야 한다.

전습법은 계속 지속하라

10회독 이상 반복하게 되면 기본서 한 권을 끝내는 시간은 급속도로 감소하여 2~3시간이면 한 과목을 끝낼 수 있다. 따라서 야간 자율학습 시간이나 집에서 공부하는 시간 중에 하나만 활용해도 하루에 한 과목씩 끝낼 수 있게 된다.

그런데 전습법을 오래 하다 보면 어려운 문제는 잘 푸는데 정작 기본적인 문제를 잘 풀지 못할 때가 있다. 그것은 쉬운 문제보다는 어려운 문제에 더 비중을 두고 공부했기 때문이다. 10회독 이상 반복했다면 이제 기본서를 공부할 때 어렵고 난해한 내용보다는 기본적인 개념이 잘 정리되었는지 확인해 보아야 한다.

시험에 출제되는 문제는 대체로 난이도가 쉬운 문제, 중간 문제 그리고 무척 어려운 문제로 명확하게 갈린다. 따라서 높은 점수를 받으려면 쉬운 문제와 중간 난이도의 문제는 모두 맞아야 하고 어려운 문제에 도전해야 한다. 어려운 문제라고 해서 별다른 게 아니다. 사실 쉬운 개념이 여러 개 붙어 있어 복잡하게 보일 뿐이다.

차례를 보면서 전체의 윤곽을 잡고 세세하게 내용을 훑어가며 빈틈없이 공부해야 한다. 수능시험 전날 전 과목을 모두 볼 수 있을 정도로 시간을 단축하게 될 때까지 끊임없이 반복해야 한다.

어느 정도 회독 수가 늘어나면 다 안다는 자만에 빠져 기본서를 등한시 하는 실수를 저지른다. 수준이 다른 다양한 문제를 푸는 것도 좋지만 그렇다고 기본서를 손에서 놓으면 안 된다. 머리에 기억이 잘되는 것도 이 기본서로 기초를 튼튼하게 다져서다. 뼈대가 되는 기본서의 내용이 흔들리면 모든 게 수포로 돌아갈 수 있다는 사실을 기억해야 한다.

공부에도 약간의 낭비가 필요하다

우리가 사는 집에도 여분의 방이나 물건을 쌓아둘 창고 하나쯤은 필요하다. 여분의 방이 없으면 최소한 물건을 수납할 공간이라도 마련하려고 노력한다. 만약 마당에 여유 땅이 있다면 나무나 꽃을 심어 최대한 공간을 활용하려고 한다.

공부할 때도 마찬가지로 여유가 필요하다. 10회독 이상 공부하면 심적으로 안정감과 여유가 생긴다. 안정감과 여유가 없다면 깊이 있고 수준이 높은 문제를 푸는 단계로 넘어갈 수 있다. 암기만으로는 높은 점수를 얻을 수 없다. 어느 정도 수준에 올랐으면 이제는 한 문제를 더 맞으려는 노력을 해야 한다. 상위권에서는 이 한 문제가 합격을 결정하기 때문이다. 집에서는 기본서를 매일 한 권씩 끝내고, 수업시간에 공부한 내용을 전체적인 맥락에서 이해하거나 부족한 부분을 보충하고, 쉬는 시간이나 짜투리 시간에는 수학이나 영어회화를 듣는다.

그런 다음 단권화 작업을 계속하면서 새로운 유형의 문제나 어려운 개념을 철저히 자신의 것으로 만드는 데 집중해야 한다. 그렇다고 계속 어려운 문제에만 매달릴 수는 없다. '양'보다는 확실하게 이해할 때까지 '질'에 주력해야 한다. 그래서 항상 수석을 한 학생들은 인터뷰 때 이렇게 말하는 것이다. "한 문제를 풀기 위해 온종일 또는 며칠간 그 문제와 씨름했다."고. 그렇게 하려면 오답노트를 만들어 수시로 틀린 문제를 점검하여 완벽하게 자신의 것으로 만들어야 한다. 또 종종 그들은 '대충 봤다'고 말하기도 하는데, 이 말을 오해하면 안 된다. 그들이 말하는 '대충'은 완벽하게 보지 못했다는 말이지 건성으로 봤다는 말이 아니다.

언제든지 어려운 문제에 부딪히면 하던 공부를 잠시 중단하고 그 문제를 해결하기 위해 전력을 기울이는 것도 좋다. 이때 쏟는 노력과 시간은 절대 아깝지 않다.

어쩌면 얼마 남지 않은 귀중한 시간을 이런 식으로 보내는 여러분이 이해되지 않을지도 모른다. 모르는 단어 하나를 찾기 위해 슬슬 사전이나 보고, 모르는 수학 문제 하나를 풀기 위해 원리를 이해하려고 고민이나 하고 있으니 말이다. "한 문제를 풀기 위해 온종일 또는 며칠간 그 문제와 씨름했다."는 말이 이해되는 순간이다.

그래서 맨날 수학 문제나 풀고, 회화나 듣고, 멍하니 생각에 잠겨 있는 듯한 여러분이 남들 눈에는 이상하게 보이는 것이다. 매일 한 과목씩 집에서 끝내는 걸 모르고 말이다.

공부의 가장 큰 적은 귀차니즘이다

이제는 어떤 학습법으로 공부하더라도 폭넓게 개념과 사고가 확장된다. 신문을 보거나 권장도서를 읽어도 결국은 학습에 도움이 되는 것이다. 이때 최대의 적은 귀차니즘을 가진 사고요, 나태한 생활 방식이다. 학창 시절에는 고민거리도 많고 하고 싶은 것도 많다. 관련 도서와 신문을 읽는 것, 인터넷을 하고 모의고사나 기출 문제를 푸는 방식은 지금까지 전습법으로 공부하던 습관과는 많이 다르다. 그래서 시간을 어떻게 활용할지 몰라 우왕좌왕할 수 있다. 더 엄격하게 자신을 대하지 않으면 엄청난 시간 손실을 입게 된다.

신문을 읽어라

한 조사에 의하면, 상위 10% 학생 중 35.1%는 매일 신문을 읽는다고 한다. 이는 전체 평균 15.2%보다 배로 높은 수치다. 신문은 시사적인 상식을 늘려 줄 뿐 아니라 비판적 사고력과 글쓰기 능력을 길러 준다.

수능시험은 종합적 사고력과 추리력 측정에 중점을 두므로, 암기 위주의 학습법으로 높은 점수를 얻는 데는 한계가 있다. 따라서 평소 신문을 자주 읽고 다양한 분야의 지식을 갖고 비판력을 키우는 게 중요하다.

신문은 전체를 모두 읽되, 가볍게 보고 넘길 기사와 오려 모으기가 필요한 기사를 구별하여 나름대로 분류하고, 필요한 부분(자연과학 분야, 사회 분야, 경제 분야, 상식, 토론 등)은 따로 오려 모으는 것도 좋다. 오려 모은 내용 중에서 특히 알아야 할 부분에는 밑줄을 긋는다. 신문을 읽을 때는 '서론—본론—결론'의 형식이나 '문제제기—실태—결과 및 대책'의 형식을 염두에 두고 밑줄을 그으면서 읽으면 종합적 사고력을 키워주기 때문에 자연스럽게 논술 공부에 도움이 된다. 특히 사회탐구 영역에서 시사성과 현실 문제를 다룬 문항 수는 더욱 늘어날 것으로 보인다.

관련 도서를 읽어라

상위 10% 학생 중 32.4%가 한 달에 평균 세 권 이상의 책을 읽는다. 중학교까지는 깊고 다양한 독서를 하라고 권하지만 고등학교에 올라오면 그리 권하지 않는 편이다. 이는 수능시험이라는 중요한 과제가 있고 공부해야 할 과목이 많기 때문이다. 가능하면 한 달에 한두 권 정도는 꼭 읽어라. 이때 아무 책이나 읽지 말고 청소년 권장도서 중에서 수능시험에 도움이 되는 책을 선별하여 읽는다.

인터넷을 활용해라

인터넷을 활용하면 많은 지식을 손쉽게 얻을 수 있지만 그리 권할만
한 좋은 방법은 아니다. 머리를 식힌다는 핑계로 게임에 빠질 수 있기
때문이다. 인터넷은 *EBS* 강의나 백과사전식 정보를 얻는 용도 외에는
가급적 사용하지 마라.

어떤 식으로든 스트레스를 컴퓨터로 풀려고 하지 마라. 스트레스는
해소되지 않고 시간만 낭비할 가능성이 크다. 이런 부정적 요소만 없다
면 인터넷만큼 다양한 정보를 활용하게 해주는 학습 매체도 없다.

모의고사는 실전처럼 풀어라

혼자서 한 공부가 제대로 진행되고 있는지 평가하기 위해서라도 모
의고사는 많이 보는 게 좋다. 그러나 학교마다 모의고사를 보는 횟수가
다르다. 간혹 모의고사를 보지 말라는 교육청의 지시가 있기 때문이다.
필요하다면 사설 모의고사 시험지를 사서라도 가급직이면 많이 보도록
한다.

모의고사를 볼 때는 실전처럼 시간을 배분하는 연습을 한다. 문제
는 반드시 끝까지 읽고 핵심과 마지막 단어에 밑줄을 그어 문제 속에
숨겨진 힌트를 파악한다. 문제 발문의 의미가 긍정인지 부정인지, 요구

하는 답이 하나인지 여러 개인지 정확히 파악해야 한다. 성급하게 덤비면 실수하기 쉽다.

문제를 풀 때는 순서대로 해야 할까? 아니면 쉬운 문제부터 푸는 게 좋을까? 만약 쉬운 문제부터 풀어나간다면 전체적 난이도와 윤곽을 먼저 파악한다. 또 풀면서 시간이 부족하지는 않았는지 부족했다면 어떻게 그 문제를 해결해야 하는지도 생각해 보아야 한다.

시간을 배분할 때는 아날로그 시계를 이용하여 남은 시각을 확인하면서 실행한다. 답을 찾는데 시간을 얼만큼 허비했는지, *OMR* 카드에 마킹하는 시간은 부족하지는 않았는지 등을 점검해 본다. 전체 시험 시간 중 *OMR* 카드에 마킹하는 시간 5분, 전체적으로 검토할 시간 5~10분 정도 남겨두고 남은 시간을 문제를 푸는 데 적절하게 배분하면 좋다.

자신과 출제자의 시각이 다르다면 출제자의 의도에 맞춰 문제를 풀어야 한다. 출제자의 의도를 파악하는 가장 좋은 방법은 '상식적인 사람이라면 어떤 답을 고를까'에 포인트를 두는 것이다. 정답을 선뜻 고르기 힘들 때는 보기 다섯 개 중 전혀 답이 아닌 보기부터 걸러내고 그 옆에 이유를 간략하게 적는다. 이런 식으로 보기를 하나씩 배제하면서 풀면 문제 풀 때 낭비되는 시간을 줄일 수 있다.

언어와 외국어 영역은 문제와 보기를 먼저 읽고 지문을 읽는 것이 시간을 절약하는 방법이다. 이 방법은 지문을 읽으면서 문제가 요구하는 내용이 무엇인지를 반추할 수 있어 좋다. 지문이 길 때는 문단별로 핵심 단어와 핵심 문장을 찾아 밑줄을 긋는다. 밑줄을 긋지 않으면 내용이 헷갈릴 때 처음부터 다시 읽어야 하는 상황이 발생하기 때문이다.

수리 영역은 대체로 첫 문제는 쉽게 출제된다. 그러나 간혹 어려운 문제가 나오기도 하는데, 이때는 당황하지 말고 침착하게 다음 문제부터 풀도록 한다. 모르는 문제에 매달려 시간을 허비하기보다는 확실히 아는 문제부터 해결하면 시간을 절약할 수 있기 때문이다.

지금까지 쏟은 모든 노력과 시간은 수능시험을 잘 보기 위해서라는 점을 잊지 말자. 틀린 문제는 철저하게 원인을 분석하고 이해하여 기본서에 추가해라.

기출 문제를 풀어라

10회독 한 이후에는 최근 5년간 출제된 기출 문제를 푼다. 수능은 전혀 새로운 문제가 출제되는 것이 아니다. 기존에 출제된 시험 유형에서 모양만 바꿔서 다시 출제된다. 다양한 난이도의 문제를 출제해야 하므로, 특히 쉬운 문제는 기존 문제에서 반드시 출제된다. 어려운 문제를 잘 푸는 것도 물론 중요하지만, 쉬운 문제를 틀려서는 안 된다. 쉬운 문제를 먼저 풀고, 어려운 문제를 푸는 것에 시간을 할애하는 연습을 하기 위해서라도 기출 문제는 많이 풀어보는 게 좋다.

그런데 기출 문제를 풀 때는 모의고사처럼 실전처럼 풀기보다는 영역별로 계획을 세워 조금씩 정리하는 것이 더 효과적이다. 모든 문제집은 꼭 기출 문제를 수록하므로, 기출 문제로 자신의 실력을 평가하는 것은 좋지 않다. 중요한 것은 자신에게 현재 부족한 부분이 무엇인지 정확하게 인식하는 것이다. 기출 문제를 풀면서 영역별로 개념 정리가 미흡한 부분이나, 잘 이해되지 않은 취약 부분을 정리하는 것도 좋은 방법이다. 이때 자신이 없는 부분을 집중적으로 반복하고 학습해야 한다.

국어, 영어는 제시된 지문을 분석해 연관된 내용을 같이 병행하여 공부하고, 수학은 단원별로 문제 유형을 정리하는 것이 좋다. 기출 문제에 출제된 개념은 다른 방식으로 다시 출제된다는 점을 명심하자.

실전에서 가장 중요한 것은 자신감이다 7

수능이 코앞이라면 제일 먼저 자신감을 챙겨라

수능이 가까워 올수록 불안과 긴장감은 커진다. 계속 불안과 긴장감에 시달리면 최종 마무리 준비가 어려워 실제 시험까지 영향을 받게 된다. 시험 한 달 전부터는 새로운 문제집이나 내용을 공부하면 안 된다. 새로운 내용은 불안감만 가중시키고 자신감을 잃게 한다. 새로운 지식이 아니라 이미 공부하여 이해했지만 좀 미흡한 내용 위주로 학습해야 한다. 공격보다는 수비에 치중해야 할 때이다.

수능시험은 사고력, 즉 머리 회전력을 측정하므로 시험 당일의 컨디션에 따라서 점수 차가 심하다. 적당한 긴장감과 불안은 두뇌 작용을 활발하게 만들어 집중력을 높여주지만, 과도한 긴장감과 불안은 오히려 집중력을 떨어뜨린다. 시험이 어렵게 출제되었더라도 나만 어려운 것이 아니라 다른 사람도 똑같이 어렵다는 것을 잊지 말고 침착하게 대응한다. 시험 전까지 최선을 다해 열심히 공부했으므로, 자신이 공부한 내용 안에서 최대한 많이 풀면 되는 것이다. 정 모르는 것은 찍어서 맞추면 된다. 이때도 그냥 찍는 것이 아니라 나름의 지식 안에서 찍는 것이므로 크게 걱정할 필요가 없다. 시험에 앞서 가장 주의해야 할 것은 이처럼 평소의 실력을 발휘하지 못하게 하는 심리적 요인이다.

시험 전까지 시험 시간과 똑같이 생체 리듬을 바꿔라

머리가 가장 활발히 움직이는 시간은 깨어난지 2~3시간 후다. 밤에 공부가 잘 되서 늦게까지 공부해 왔던 학생이라면, 생체 리듬이 시험 시간에 맞게 바뀔 수 있도록 시험 두 달 전부터 준비해야 한다. 지금까지 했던 것처럼 평상심을 잃지 않고 충분히 수면을 취해 최고의 상태로 만드는 것이 중요하다.

확실하게 암기했는지 꼭 확인해라

기본서 외에 새로운 문제집이나 참고서는 절대로 거들떠보지 마라. 지금까지 계속 본 기본서만 꾸준하게 반복한다. 이때쯤이면 기본서 내용 중 더는 모르는 것이 없을 것이다. 차례만 보고 해당 내용을 머릿속에 떠올려본다. 그 다음 내용을 보면서 빠진 곳은 없는지 확인한다. 도표, 그림 등도 염두에 두면서 마무리를 해나간다. 이때 암기 과목에만 치중하느라 영어와 수학을 소홀히 해서는 안 된다. 시간을 적절히 분배

하여 어느 과목도 절대 손에서 놓으면 안 된다. 짧은 시간에 많은 문제를 풀려는 생각에 수학을 눈으로만 풀지 마라. 시간이 없다면 핵심 문제나 어렵다고 생각한 문제 위주로 하나씩 꼼꼼하게 풀어본다.

그래도 기억이 나지 않는 부분이 있다면 확실하게 눈에 띄도록 형광펜으로 표시해 두자. 그런 다음 이 부분을 집중적으로 암기하고, 시험장에서도 시험 중간 중간 휴식 시간에 다시 점검하자.

기출 문제를 점검하라

전년도 수능시험과 당해년도 6월과 9월에 실시한 평가원 모의고사는 1순위로 점검해야 할 기출 문제다. 평가원에서는 수능시험의 난이도를 조절하기 위해 새로운 유형의 문제를 출제하기 때문에 유형을 잘 분석할 필요가 있다. 다만 6월에 실시한 모의고사는 해당 과목의 전 범위에서 출제된 것이 아니라는 점에 유의한다. 그 외 학교 내신시험이나 모의고사 시험에서 틀렸던 문제도 확인한다. 단순히 훑어보는 수준이 아니라 다소 시간이 걸리더라도 다시 출제할 때는 어떤 식으로 변경될지 생각하면서 꼼꼼하게 확인한다. 물론 이런 사항들이 모두 기본서에 정리되어 있다면 다시 시험지를 펼쳐볼 필요는 없다.

공부의 비법은 스토리로 외우는 것

지난 여름 서울의 한 학원에 방문하였다가 학원장으로부터 '공부가 정말 안 되는 아이는 어떻게 합니까?'란 질문을 받았다. 암기가 되지 않는 아이를 말 하는거냐고 되물었더니 그렇다고 하였다. 공부의 가장 밑바탕은 암기이고, 단기 기억이든 장기 기억이든 암기가 되지 않는 학생은 절대 공부가 되지 않는다. 암기가 바탕이 되지 않는다면 대나무학습법도 그 어떤 공부법도 생각할 수 없다. 암기가 안 되면 가르치는 것도 힘들다. 콘크리트를 드릴로 뚫는데 뚫리지 않는 느낌이랄까? 공부를 하는 당사자 입장에서도 미칠 노릇이다.

공부를 못하는 아이들 중의 상당수는 공부를 하겠다고 앉아서 30분을 들여다본다. 딴 생각을 한 것도 아닌데 한 자도 머릿속에 들어오는 경험들을 가지고 있다. 그러면 누구에게 말하지도 못하고 머리가 나쁘다는 자가진단과 함께 자신에게 공부 머리가 없나 보다고 섣부른 단정을 내린다. 이런 단정이 공부를 못하게 만든 직접적인 원인이고 이것을 깨야 한다.

그런데 한마디로 암기는 인간의 본성이고 암기가 안 되는 사람은 없다.

암기의 능력은 근육을 늘리는 것과 같다. 운동을 할 때 근육이 늘지 않을 거라 생각하는 사람은 없다. 마찬가지로 암기력 또한 지속적인 운동으로 근육을 늘리는 것처럼 생각해야 한다.

공부를 못하는 아이는 대부분 한 번도 외워본 적이 없는데, 어느 날 공부를 해야 해서 외우려 들기 때문에 안 되는 것이다. 이것은 운동을 한 번도 안하던 사람이 어느 날 남들이 드는 무거운 역기를 한 번 들어보려고 생각하다가 안 된다며 운동에 소질이 없다고 단정하는 것과 같다. 학교 내신시험에 벼락치기를 해야 한다거나 수업시간에 외워야 한다고 주장하는 것은 당장의 내신을 잘 보려는 목적도 있지만, 그 보다도 암기력을 키워서 대나무학습법을 시행하는 데 도움이 되고자 하는 목적이 더 강했던 것이다.

앞서 모든 사람은 암기가 가능하다고 했다. 그런데 암기를 영어단어를 외운다거나, 수학공식을 외우는 것처럼 단편적으로 외우는 것은 암기력에도 공부에도 별 도움이 안 된다. 수없이 반복하지 않는 한 머리는 이런 단편적인 지식들을 모두 갖다버린다. 머리는 항상 스토리로 기억한다. 영어단어를 외우는 대신에 그 단어가 들어간 문장을 외우거나 더 좋은 방법은 그 문장이 들어간 본문을 통째로 외우는 것이다. 비록 더 힘들게 보이지만 기억의 메카니즘에 맞는 것이다. 수학 공식도 반복해서 외우는 대신에 그 공식이 나오기까지의 과정 전체를 스토리로 꿰어야만 망각을 막는 의미 있는 공부가 될 것이다. 이것은 마치 공부의 양을 줄이려는 학생들의 마음과 정면으로 배치되는 듯이 보이지만, 머리의 기억 방식을 따르는 것이 오히려 공부의 양을 줄이는 것이다.

길게 스토리로 만들어 외우고 반복하라. 이것이 지난 20년간 필자가 교육은 '변화'라 주장하며 공부를 못하는 대부분의 아이들을 상위권으로 끌어올린 비법이라면 비법이다.

모두 같은 방법으로 명문대를 간다

세계은행 보고서에 의하면 '세계적으로 봤을 때, 한국 교육은 섬처럼 고립돼 있다'라고 말한다. 이처럼 우리 교육 현실은 공부를 매우 강조하면서도 공부 방법에 대한 체계적인 안내나 교육은 외면하고 있다. 캐나다 등 일부 국가에서는 학습법을 정규 교과목으로 채택하고 있는 현실에 비추어 보면 씁쓸한 마음을 감출 수 없다.

지금까지 새로운 공부방법이 없었으니 예나 지금이나 달라진 것은 아무것도 없다. 대다수 학생들은 기성세대가 옛날 겪었던 모습 그대로 시행착오를 겪고 있다. 우리의 교육계도 좀 더 적극적으로 학생들에게 공부 방법을 가르쳐 주어 학생 스스로 공부해 나가는 데 자신감을 심어주어야 한다. 그렇게 되면 많은 사교육비를 절감할 수 있을 뿐만 아니라 학생들이 공부 방법에 대해 느끼는 막연함과 두려움도 사라질 것이다.

역대 명문대 수석자들의 수기를 살펴보면 그들의 학습법은 한마디로 전습법이었다. 『공부가 가장 쉬웠어요』를 쓴 장승수 씨는 여러 번의 재수를 통해 수험 과목을 반복 학습했다. 대학 재학 시절 사시, 외시, 행시를 모두 패스한 괴물 같은 고승덕 변호사도 "5번은 반복 학습해야 한다."고 했다. 최고의 성적을 거둔 사람들의 학습법의 공통점 모두 전습법으로 설명할 수 있다. 사실 서울대를 간 사람치고 5번 이상 반복하지 않은 학생은 없다. 따라서 많고 많은 고등학생들 중에서 자신은 알지는 못했겠지만, 전습법으로 한 학생만 서울대를 갔다고 해도 과언이 아니다.

처음 이 책을 펼쳐 들었을 때는 고등학교 3년 과정의 공부를 6개월에 끝낸다니 말이 되는 소리냐 하는 반신반의의 심정으로 책을 접했을 거라 본다. 책을 다 읽고 이런 의문을 해결한다고 해도 이 책은 몇 가지 측면에서 문제가 있다.

첫째, 전혀 새로운 방법을 생각하는 분이 있다면 실망스럽겠다. 여기에서 밝히는 내용은 알고 있는 것일 수도 있고 잘 알려져 있지 않은 내용을 기껏 편집한 것이기 때문이다.

또 이 책에서 오로지 한 가지 방법만 제시하고 이 방법을 무조건 따르라고 해서 혹자는 비판할지도 모르겠다. 어찌 보면 개인의 개성이나 각자에게 맞는 공부방법이 따로 있을 것 같은데 하는 의구심도 가질 것이다. 그런데 지금도 수십 만에 달하는 고시 준비생들이 '전습법'으로 공부하고 있다. 고시생들도 하나하나 보면 각자 취향도 다르고 성격도 다르다. 하지만 공부 방법은 모두 같다. 그것은 해야 하는 공부의 양이 많을 때 취할 수 있는 최선의 공부방법이기 때문이다. 최고 난이도와 엄청난 분량의 학습을 해야 하는 고시생에게 시간의 효율은 당락의 결정과도 같은 것이다. 여러분들은 어떨지 모르겠지만 고시생은 시험에 인생을 걸었다. 고시생의 공부 분량은 여러분이 상상하는 것 이상으로 많다. 공부 내용이 어렵다는 것을 차치하더라도 절대량에서 최소 3~4배는 된다. 그들이 최소기간으로 잡는 것이 2년이다. 그들과 같은 의지와 집중력으로 같은 방법을 사용한다면 7~8개월 정도이다. 난이도를 기준에 넣는다면 4~5개월에 끝낼 수 있는 분량이다.

똑같이 시험 공부하는 것인데 고등학생과 고시생은 전혀 다른 공부 방법을 택하고 있다. 어떤 고시생도 여러분처럼 한두 시간 공부하고 이 과목 저 과목을 번갈아가며 공부하지 않는다. 이 공부법이 알려지지 않은 이유는 고시생이 하는 방법이 전습법이란 사실과 그 효율성에 대해 모르기 때문에 권할 수도 없었기 때문이다. 또한, 모든 고시생이 하니 특별한 방법이라 말할 수 없기 때문이기도 하다.

그러나 고등학생 그 누구도 전습법으로 공부하는 학생은 없다. 다른 학습법을 어찌 교집합 없이 사용하고 있는 걸까? 고등학생의 경우 이런 방법을 듣지 못했을 뿐만 아니라, 들었다 해도 정확히 알지 못해서 따라 하지 못했을 수도 있다. 또 하나의 이유는 제도 때문이다. 50분 수업 10분 휴식의 공부시간과 하루에 다양한 과목을 수강하는 공부방법이 고등학교 수업과는 그 시행의 초기에 배치되는 측면이 강하다. 그래서 다른 학습법을 도입하지 못하게 원천 차단하고 있는 것이다.

둘째, 이 책은 학문을 위한 책이 아니다. 따라서 뜻있는 분들의 질타를 받을 것이 자명하다. 좋은 나무는 수십 년 동안 천천히 목질을 튼튼히 해야 훌륭한 목재가 된다. 초고속 성장을 하는 대나무는 속이 비어 있다. 따라서 좋은 목재가 되어 집을 짓거나 가구를 만드는 재료로 쓰일 수 없다. 그럼에도 불구하고 고등학생들이 당면하고 있는 시험이라는 관문을 통과하기 위해서 어쩔 수 없다고 자위해 본다.

셋째, 아직 사례가 미진하다. 많은 사람들에게 대나무학습법을 알려주었는데 실제로 시행한 고등학생은 많지 않았다. 하지만 시행한 학생들의 결과는 모두 좋았다. 필자가 주력으로 하는 것이 수학이라서 주로 멘토의 역할만을 할 뿐, 아직 체계적으로 대나무학습법을 시행하지 않아서이다. 물론 수많은 고시생을 사례로 생각하면 엄청나게 많을 수도 있겠지만 고등학생들만의 사례로는 불충분하다. 이 책을 읽고 시행한 독자가 다시 사례를 만들어간다면 앞으로 미진한 공부방법을 보완시켜서 좀 더 좋은 학습법으로의 개선시킬 수 있으리란 데 의미를 두고 싶다.

넷째, 합리성보다는 효율성을 중시했다.

창문을 열면 차가운 공기는 아래로 들어오고 뜨거운 공기는 위를 통해 밖으로 나간다. 그러나 바람이 세차면 이런 원칙은 무용지물이 된다.

집중시간을 고려해서 50분 공부에 10분 휴식을 하는 것이, 그리고 혼돈을 막기 위해 성격이 다른 과목을 공부하는 것이 합리적일 수 있다. 하지만 효율적인 방법은 아니다. 이 책에서는 합리성과 효율성이 부딪혔을 때 우선순위를 효율성에 두었다. 합리성을 최우선으로 생각하는 사람이 있다면 거북할 수도 있겠다는 생각이 든다.

실로 시간이란 누구에게나 똑같이 주어지지만 효율적으로 활용하기에 따라 몇 갑절의 다른 효과를 올릴 수도 있다. 여러분도 공부를 대나무처럼 올곧고 바르게 추진하여 부디 성과를 거두기를 고대하고 고대한다.

조안호

대나무학습법 실천 계획표

나를 죽이지 않는 모든 것은 나를 강하게 만들 뿐이다.

_니체